Arabische Witze und Anekdoten

Herausgegeben und ausgewählt
von
Sam Kabbani

Melzer Verlag

1. Auflage

Umschlaggestaltung: Peter Lohse
Druck und Bindung: GGP Media GmbH, Pößneck
ISBN: 3-937389-77-6

Printed in Germany

Si vous achetez ce livre privé de tout ou partie de sa couverture, nous vous signalons qu'il est en vente irrégulière. Il est considéré comme « invendu » et l'éditeur comme l'auteur n'ont reçu aucun paiement pour ce livre « détérioré ».

Cet ouvrage a été publié en langue anglaise
sous le titre :
ANNIE'S SECRET

Traduction française de
BARNABE D'ALBES

HARLEQUIN®

est une marque déposée du Groupe Harlequin
et Azur ® est une marque déposée d'Harlequin S.A.

83-85, boulevard Vincent-Auriol, 75646 PARIS CEDEX 13 — Tél. : 01 42 16 63 63

Service Lectrices — Tél. : 01 45 82 47 47

www.harlequin.fr

ISBN 978-2-2802-3556-3 — ISSN 0993-4448

CARLE MORTIMER

Le secret d'une Balfour

collection Azur

éditions Harlequin

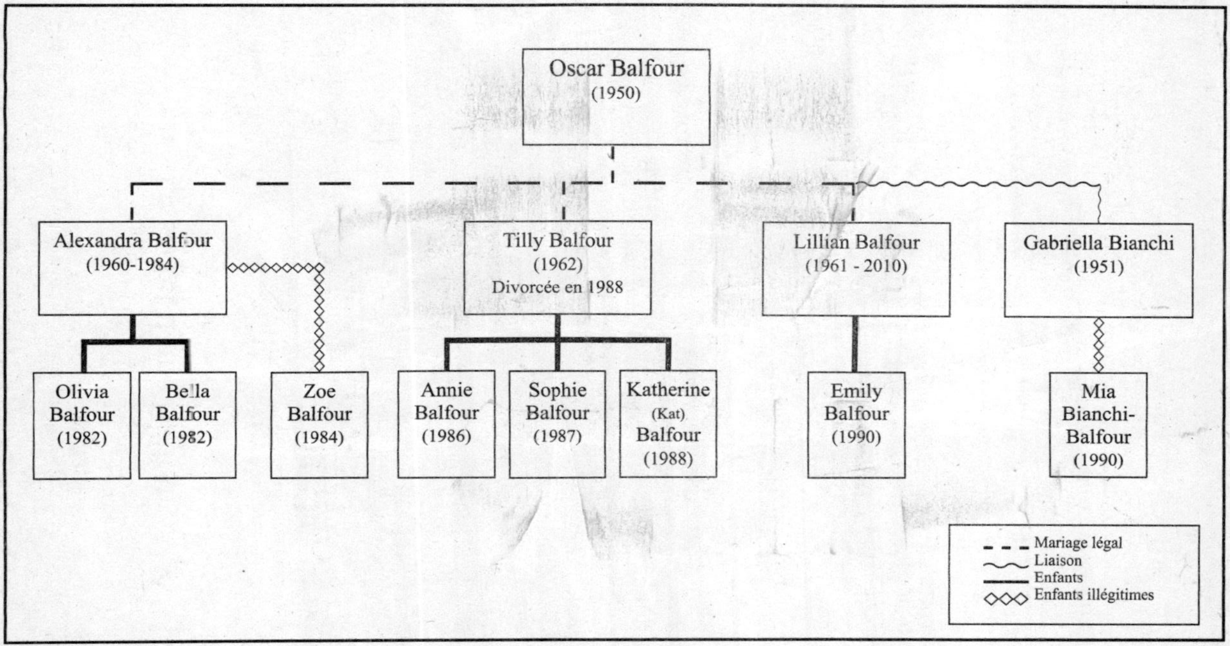

Oscar Balfour
(1950)
Alexandra Balfour
(1960-1984)
Tilly Balfour
(1962)
Divorcée en 1988
Lillian Balfour
(1961 - 2010)
Gabriella Bianchi
(1951)
Olivia
Balfour
(1982)
Bella
Balfour
(1982)
Zoe
Balfour
(1984)
Annie
Balfour
(1986)
Sophie
Balfour
(1987)
Katherine
(Kat)
Balfour
(1988)
Emily
Balfour
(1990)
Mia
Bianchi-
Balfour
(1990)
Mariage légal
Liaison
Enfants
Enfants illégitimes

Le secret d'une Balfour

INHALT

GLOSSARIUM

Dīnār	Eine Münze im Goldgepräge des frühen Islam
Dirham (pl. Darāhim)	Eine Münze im Silbergepräge des frühen Islam
Adhā-Fest	Das Opferfest der Muslime, entspricht dem Osterfest der Juden und Christen
Imam	Vorbeter in der Moschee
Kunjah	Bezeichnung für den Vater eines erstgeborenen Sohnes
Wali	Statthalter

EINFÜHRUNG

Über die Nawādir

Allen Völkern und allen Zeiten ist das Lachen gemeinsam, und so gibt es auch in den Anekdoten und Witzen, in denen das Lachen festgehalten ist, Übereinstimmungen und Ähnlichkeiten. Dies kann auf mündlicher oder schriftlicher Überlieferung beruhen, die oft weit über die eigenen Landesgrenzen reichte. Aber was viel früher schon unter anderem Breitengrad ganz ähnlich formuliert wurde, kann auch spontan neu entstehen. In diesem zweiten Fall ist Ähnlichkeit auf Reaktionen zurückzuführen, die allen Menschen gemein sind, und deshalb gibt es auch Anekdoten und Witze, die, wo und wann sie immer entstanden sein mögen, nicht veralten.

Ob es sich um Umbildungen alter Motive oder um spontane Neubildungen handelt, vermag heute meist nur noch der Fachgelehrte zu entscheiden, und dies auch nicht immer mit Sicherheit, denn wer wird ohne weiteres sagen wollen, daß in unserer Zeit George Bernard Shaw oder im 16. Jahrhundert der Verfasser des Eulenspiegel eine bestimmte Anekdote des altarabischen Humors kannten, als sie ihre Zuhörer zum Lachen brachten? Und doch gibt es hier Übereinstimmungen in der Ausführung eines Motivs. So soll Shaw auf den Vorschlag einer außergewöhnlich schönen Frau, sie zu heiraten, damit ihnen ein Sohn mit ihrer Schönheit und seiner Klugheit geboren werde, geantwortet haben: „Ich fürchte, der Knabe könnte Ihre Klugheit und meine Schönheit erben!"

Im *Muhādarāt al Udabā'* nun, dessen Verfasser, ar-Rāghib al-Isfahānī, im Jahre 1108 starb, lesen wir, daß 'Amārah ibn Akīl gesagt haben soll: „Bei Gott, ich werde eine schöne Frau zum Weibe nehmen, damit mein Sohn ihre Schönheit und meine Schlauheit erbt." Er vermählte sich mit einer schönen, doch einfältigen Frau, und sie gebar ihm einen Sohn, der ihre Einfalt und seine Häßlichkeit besaß.

Motivwanderung scheint in dem folgenden Fall vorzuliegen: In der Kairoer Tageszeitung *al-Akhbār* vom 25. März 1954 erschien ein Artikel mit der Überschrift „Eulenspiegel — der deutsche Dschuha". Bekanntlich hat Eulenspiegel im Mittelalter († 1350) gelebt, doch finden wir unter seinen Schwänken einen, der sich mit dem, was von Lukmān, dem Weisen, und Dschuha erzählt wird, teilweise deckt:

Till Eulenspiegel[1] zog nach Prag; dort nahm er einige Zettel und schlug diese an dem Tor der Universität und an den Türen der Kollegien an. Auf den Zetteln stand geschrieben, daß er alle Fragen beantworten werde, die man ihm stelle, auch solche, die kein anderer Meister zu lösen vermöge. Man führte ihn in die Universität, wo der Rektor ihn vor allen Studenten prüfen wollte. Der Rektor trat vor und stellte ihm die erste Frage: „Sagt mir und beweist mir — und sofern Ihr das nicht könnt, seid Ihr ein übler Anfechter unserer Kunst und Wissenschaft —, wieviel Eimer Wasser enthält das Meer?"

[1] Alfred Zacharias, Till Eulenspiegel erzählt sein Leben. München 1950. S. 34—37

„Würdiger Rektor", antwortete Till, „lasset zuvor alle Wasser und Ströme stille stehen, die ins Meer fließen, dann will ich alles messen, erklären und beweisen, und es ist dann ganz leicht zu tun."
Der Rektor vermochte jedoch verständlicherweise die Ströme nicht anzuhalten. Also ließ er die Frage fallen und gab ihm eine andere: „Hört, sagt mir, wie viele Tage sind von Adams Zeiten bis heute vergangen?"
„Nur sieben Tage", sagte Till kurz, „und als diese verstrichen waren, wieder sieben Tage und so fort, immer sieben Tage bis auf heute, und so geht das bis zum Ende der Welt."
Der Rektor konnte ihm nichts Falsches nachweisen und sprach: „Die dritte Frage also: Sagt mir gleich, wo ist die Mitte der Welt?"
„Sie ist genau hier", antwortete Till, „wir stehen mitten in der Welt. Wenn Ihr es prüfen wollt, so meßt mit einer Schnur nach, und wenn nur die Breite eines Strohhalmes fehlt, so will ich Unrecht haben."
Da wurde der Rektor ganz rot im Gesicht, und er stellte Eulenspiegel voll Zorn die vierte Frage: „Sagt an, wie weit ist es von der Erde zum Himmel?"
„Oh", meinte Till, „das ist ganz nahe. Wenn man im Himmel redet oder ruft, so kann man das hier unten ganz deutlich hören. Umgekehrt ist es ebenso. Wenn Ihr also hinaufsteigt, so will ich hier unten ganz sanft rufen. Hört Ihr mich oben nicht, so will ich Unrecht haben."

In *Kitāb al-adhkijā'*[2] nun wird erzählt, daß Lukmān, der Weise, Leibeigener eines Herrn war, der leiden-

[2] Ibn al-Dschauzi, Kitab al-adhkija. Kairo 1340. S. 13

schaftlich gern große Wetten mit Würfeln austrug. Sein Haus stand am Ufer eines Flusses. Eines Tages spielte der Herr mit einem Gefährten. Die Wette lautete: Der Verlierer trinkt das Wasser des Flusses aus oder entrichtet entsprechendes Lösegeld. Der Gebieter Lukmāns verlor, da sagte der Sieger: „Trink den Fluß aus oder löse dich aus!"

„Was verlangst du als Lösegeld?" fragte der Herr.

„Deine Augen oder all dein Hab und Gut", entgegnete der Gefährte.

„Gib mir diesen einen Tag als Bedenkzeit", flehte der Verlierer, und der Wunsch wurde ihm gewährt.

Gegen Abend traf Lukmān, ein Bündel Holz auf dem Rücken tragend, ein und sah seinen Herrn in tiefem Kummer. Er legte das Holz ab und trat auf den Verstimmten zu. „Warum sehe ich dich so betrübt, Herr?" wollte Lukmān wissen. Seine Frage blieb unbeantwortet, und auch nach ihrer Wiederholung kam keine Auskunft. „Erzähle mir von deinem Kummer, Herr", bat Lukmān eindringlicher, „ich hätte vielleicht eine Lösung."

Verzweifelt vertraute sich der Herr seinem Leibeigenen an. „Freue dich, Herr", versicherte Lukmān, „die Lösung habe ich bereits!" Auf die Frage des Herrn erklärte er: „Wenn der Mann dir sagt, du sollst den Fluß austrinken, so erkundige dich, ob du das Wasser trinken sollst, was der Quelle des Flusses entspringt, oder jenes, was zwischen beiden Ufern fließt. Sicherlich wird er die Quelle ausschließen. Dann sagst du: Halt' die Bäche an, die in den Strom fließen, und laß deren Quellen versiegen, damit ich nur das Flußwasser austrinke."

Am Tage darauf vollzog sich alles, wie es Lukmān vorausgesagt hatte. Der Sieger gab zu, daß er die Bäche nicht anhalten könne, und befreite den Herrn von der Wette. Zum Dank gab dieser seinen Leibeigenen frei.

Und in *Akhbār Dschuhā*[3] wird berichtet, daß ein Gelehrter einmal das Land bereiste und den Weisen jedes Ortes, an dem er vorbeizog, Fangfragen stellte, die sie nicht beantworten konnten. Als er in Kufa ankam, fragte er, ob es in dieser Stadt einen Gelehrten gebe. Man führte ihn daraufhin zu Dschuha, der auf seinem Esel ritt.

„Wo liegt das Zentrum der Erde?“ fragte der Gelehrte.

„Hier, wo ich mich gerade mit meinem Esel befinde; und wenn du daran zweifelst, so miß die Erde mit einem langen Faden, und du wirst sehen, daß ich die Wahrheit spreche.“

„Und wie viele Sterne gibt es in der Kuppel des Himmels?“

„So viele, wie mein Esel Haare im Schwanz hat, und wenn du es nicht glaubst, zähle die Sterne und die Haare und überzeuge dich selbst.“

„Eine letzte Frage: Aus wie vielen Haaren besteht mein Bart?“

„Aus ebenso vielen, wie mein Esel in der Mähne hat. Zupfe deinen Bart und die Mähne des Esels Haar für Haar aus, und du wirst feststellen, daß ich recht habe.“

Da gab sich der Gelehrte geschlagen.

---

[3] ‘Abd-as-Sattar A. Farradsch, Akhbar Dschuha. Kairo 1954. S. 130 f.

Im Arabischen heißen die Witze und Späße Nawādir (Sing. Nādirah). Sie waren schon im 7. Jahrhundert so beliebt, daß der Volksmund sie in besonders eingängigen Schelmengestalten festhielt und Literaten ihre eigenen Nawādir — um ihnen zum Erfolg zu verhelfen — den schon populären Schelmen unterschoben. Die Hörer oder Leser übernahmen diese Geschichten, ohne sich um ihre Herkunft zu kümmern. So lösten sich die Nawādir mehr und mehr von ihrem Ursprung, wanderten durch die Länder und wurden von Mund zu Mund weitergegeben, bis sich jemand fand, der sie einem berühmten Possenreißer zuschrieb.

Man war auch bemüht, die Nawādir zu verbreiten und zu sammeln; manche gingen sogar so weit, die bekannten Possenreißer aufzusuchen und ihnen die neuesten Witze abzukaufen. Ein Beweis dafür ist das, was Jahjā ibn Zijād al-Farrā'[4] sagt:[5]

„Ich hatte mit Ibn Darrādsch, dem Schmarotzer, abgemacht, daß er mir dreißig lustige Geschichten gegen einen *Dirham* diktiere. Ich pflegte dann, die witzlosen nicht zu zählen. Da meinte Ibn Darrādsch: ‚Wenn du so wählerisch bist, dann zehn für jeden Dirham.'"

Wie es andernorts Poetikschulen gab, so gab es im alten Arabien Lehrer, die, Witze zu machen, als Kunst lehrten. Eine Probe von dieser Art des Unterrichts gibt Abū'l-'Ibar[6], der erzählt, sein Lehrer habe gesagt: „Das erste, was ihr zu lernen habt, ist, alles zu verdrehen."

---

[4] Starb im Jahre 822

[5] Al-khatib al-Baghdadi, at-Tatfil. Damaskus 1346. S. 83

[6] Ein Dichter, der mit den Herrschern in Bagdad verwandt († 864/5)

Abū'l-'Ibar schildert auch die Gelehrsamkeit der Schüler und reiht sich damit selbst unter die Erzähler von Witzen:

„Wenn unser Lehrer morgens aufwachte, fragten wir ihn, wie er den Tag verbracht habe, und wenn er zu Bett gehen wollte, wünschten wir ihm einen angenehmen Tag. Wenn er uns rief: ‚Kommt her!' so entfernten wir uns. Er hatte Güter und Ländereien, über die er jedes Jahr Buch führte. Einmal führte er Buch in meiner Anwesenheit; als er dann seine Unterschrift zeichnete, sagte er zu mir: ‚Streue Sand[7] auf das Schreiben und bring es mir zurück.' Ich goß Wasser darauf, und die Tinte floß durcheinander. Da tadelte er: ‚Wehe dir! Was hast du da getan?' Ich erklärte: ‚Verdrehen wir nicht alles schon den ganzen Tag?' Da fluchte er: ‚Bei Gott, von nun an begleitest du mich nicht mehr. Du bist ja der Meister aller Meister!'"

Von den witzigen Antworten und Scherzen in stilistisch reizvoller Pointierung, wie sie die altarabische Literatur in Fülle kennt, wollen wir aus der hier vorgelegten Sammlung Beispiele für die typischen Formen innerhalb dieser literarischen Gattung voranstellen:

1. Die Nādirah ist besonders beliebt, wenn sie reich an Gegensätzen ist, die miteinander nichts gemeinsam haben:

Kīsān[8] war gewohnt, das Gegenteil von-dem zu schreiben, was er hörte — von dem zu sagen, was er schrieb — und von dem zu diktieren, was er las.

[7] Man trocknete damals Tintenschrift mit Sand

[8] Der Schreiber des 824 gestorbenen Abu 'Ubajdah

Man erzählt, daß Kīsān vor dem Richter auftrat, um eine Zeugenaussage abzulegen. Da versicherte er: „O würdiger Kadi, ich habe mit eigenen Augen (er zeigte auf seine Ohren) gesehen und mit eigenen Ohren (er zeigte auf seine Augen) gehört, wie der Angeklagte den Mann am Halse (er zeigte auf den Ärmel) festgehalten und ihn mehrmals auf die Hüfte (er zeigte auf den Kiefer) geschlagen hat."
Da lachte der Richter und meinte ironisch: „Ich sehe, du hast das Buch von der Anatomie des Menschen gelesen!"
„Jawohl, zweimal sogar!"

In einem Pferderennen siegte eine Stute. Da hüpfte einer der Zuschauer vor Freude wie ein Kreisel und lobte den Allmächtigen.
„Gehört diese Stute dir?" fragte sein Nachbar.
„Nein, aber der Zügel!"

2. Was eine Nādirah besonders auszeichnet, ist reiche Phantasie, die an das Unmögliche grenzt und die Eigenschaften der Witzfigur hervorhebt:
Asch'ab handelte mit einem Verkäufer um einen arabischen Flitzbogen, und der Mann beteuerte: „Ich kann ihn für weniger als einen Dinar nicht hergeben."
„Bei Gott", rief Asch'ab aus, „lieber gebe ich alle meine Leibeigenen frei! Und wenn ich mit dem Pfeil einen Vogel mitten in der Luft treffen könnte und dieser mir geröstet zwischen zwei Laiben Brot in den Schoß fiele, würde ich noch immer nicht den Bogen für einen Dinar erwerben!"

3. Noch netter und wirkungsvoller wird der Scherz, wenn ihn der Erzähler auf sich selbst bezieht:
Asch'ab erzählte: Abu 'z-Zinād und ich wuchsen unter der Obhut von 'A'ischah bint 'Uthmān [9] auf. *Er* stieg immer höher auf, und *ich* sank immer tiefer ab, bis wir unseren heutigen Stand erreichten."

4. Wird der Scherz humorvoll aufgenommen und auf der Stelle mit gleichartigem Scherz beantwortet, gewinnt er um so mehr an Gewicht und Wirkung:
Ein Dichter suchte Muhammad ibn Makram [10] auf und sagte zu ihm: „Ich habe einen Vers zu deiner Schmach verfaßt."
„Trage ihn vor. Ist er ausgezeichnet, so erhältst du ein Gewand von mir."
Da zitierte der Dichter:
„Brüste dich weder mit Makram noch mit seinem Ahn:
Der eine ist ein Maulesel, der andere ein Tragtier."
„Bei Gott, du hast wohl gesprochen!" rief der Geschmähte. „So werde ich dir eines *unserer* Gewänder verleihen. Diener! Leg ihm einen Sattel und Satteltaschen an!"

5. Die Häßlichkeit des Gesichts war und ist noch immer ein Anlaß zum Scherzen:
'Uthmān ibn Hafs traf Abu Nuwās [11], der blaß aussah und sich gerade von einer schweren Krankheit erholte. 'Uthmān war der häßlichste aller Männer.

---

[9] Tochter des 656 ermordeten Kalifen 'Uthman

[10] Ein Freund des 896 gestorbenen Abu 'l-'Aina'

[11] Der berühmte Dichter und Witzbold († 806—13)

„Was ist die Ursache deiner Blässe, Abu Nuwās?“ fragte er.
„Als ich dich erblickte, habe ich mich an meine Sünden erinnert“, sagte der Witzbold.
„Was haben deine Sünden mit meinem Anblick zu tun?“
„Nun ja, ich fürchtete, Gott könnte meine Sünden dadurch bestrafen, daß er mir dein Aussehen verleiht!“

6. Ebenso sind Geiz, Unwissenheit, Hochmut und Einfalt unerschöpflicher Anlaß für Nawādir; um sie wurden zahlreiche Witze gewoben, deren Hauptfiguren auf ihren Mängeln oder Untugenden bestehen:
Der Kalif al-Mansūr[12] war für seinen Geiz bekannt. Einmal sang ein Kameltreiber ihm etwas vor, während der Kalif sich auf der Pilgerfahrt nach Mekka befand. Der Kalif war begeistert und schlug rhythmisch mit dem Bein gegen den Balken seines Baldachins. Schließlich sagte er zu seinem Wesir: „Gib ihm einen halben Dirham[13]!“
„Einen halben Dirham, o Fürst der Gläubigen? Bei Gott, ich habe dem Kalifen Hischām[14] vorgesungen, und er ließ mir dreißigtausend Darāhim aushändigen!“
„Was? Nimmst du aus der Schatzkammer der Gläubigen dreißigtausend Darāhim? Wesir, sorge dafür, daß das Geld seinen Weg in die Schatzkammer zurückfindet!“

---

[12] Der zweite Kalif der ʿAbbasiden in Bagdad, † 775
[13] Dirham (Pl. Darahim): Eine Münze im Silbergepräge des frühen Islam
[14] Der zehnte Kalif der Omajjaden in Damaskus, † 743

Der Wesir gab sich die größte Mühe, den Kalifen von diesem Beschluß abzubringen. Schließlich gab al-Manṣūr unter der Bedingung nach, daß der Kameltreiber ihm bei der Hin- und Rückreise kostenlos vorsinge.

Ein Mann bat einen Scheich um die Erläuterung eines Koranverses. Worauf der Scheich versicherte: „Du hast den richtigen Mann um Rat gefragt. Ich meinerseits habe nämlich meinen Vater nach der Bedeutung dieses Verses gefragt, und er teilte mir mit, daß er sich seinerseits bei meinem Großvater erkundigt hätte. Mein Großvater habe ihm geantwortet, daß er seinerseits die Bedeutung auch nicht kenne."

Ein Dummkopf erzählte: „Mein Vater berichtete mir von meinem Großvater, daß dieser in den Büchern der Weisheit gelesen habe: Wahrlich, der Hungrige gleicht nicht dem Gesättigten, der Bekleidete ist dem Unbekleideten nicht gleich, und der Schlafende ist nicht wie der Wachende."

7. Kritische Situationen, vor allem solche, bei denen man unfähig ist, sich auszudrücken, rufen Lachen hervor, trotz oder gerade wegen der peinlichen Lage für den Betroffenen:
Der neue *Imam* in Basrah bestieg die Kanzel vor dem Freitagsgebet, doch er hatte Lampenfieber und war unfähig, ein Wort vorzubringen. Da sagte man zu ihm: „Wenn du nicht reden kannst, so laß einen anderen für dich sprechen!"

Der Imam stieg von der Kanzel herunter, suchte einen der Gläubigen aus und führte ihn zur Kanzel. Dem erging es nicht besser, worauf er zum Volke sprach: „Ich weiß nicht, was ich euch predigen soll, doch ich bezeuge vor euch, daß meine Frau verstoßen wird, weil sie mich dazu gezwungen hat, am Freitagsgebet teilzunehmen!"

8. Die Wirkung einer Nādirah kann auch auf der Absonderlichkeit der Rede oder auf hochgeschraubten Redensarten beruhen:

Ein Philologe erkrankte, und der Arzt besuchte ihn und fragte: „Was fehlt dir?"

Der Philologe zeigte sein ganzes Wissen, indem er erklärte: „Ich habe von dem Fleisch einiger Tauben gegessen, und plötzlich ergriff mich ein Schmerz von der Bandscheibe bis zum Genickwirbel. Der Schmerz nahm unaufhaltbar zu, bis er das Zwerchfell und die Ansätze der Rippen um den Brustkorb ergriff. Was verschreibst du mir für ein Heilmittel?"

Da sagte der Arzt: „Nimm ein wenig Kharfak und Scharfak, spalte es der Länge nach und ätze es, dann wasche und trinke es."

„Ich habe nichts davon verstanden!"

„Du hast mir eine Krankheit beschrieben, die ich nicht kenne, und ich habe dir ein Heilmittel verschrieben, das du nicht kennst!"

Nicht nur Einfältige gaben Witzen ihren Ursprung; andere täuschten Dummheit oder gar Irrsinn vor, um der Tyrannei und Unterdrückung zu entrinnen. Doch die Einfalt, ganz gleich, ob sie angeboren oder vorgetäuscht ist, macht den größten Teil der Nawādir aus, die man zur Belustigung und Erheiterung überliefert hat. Die meisten Berichte über Dschuha sind solche Anekdoten der Einfalt und falschen Logik.

9. Es ist paradox, daß menschliche Unvollkommenheit, liege sie in ihrem Aussehen oder ihrem Mangel an Verstand, auf andere belustigend wirkt, da sie doch eher Mitleid oder Anteilnahme erwecken sollte. Das ist jedoch allzu menschlich. Lachen wir nicht unwillkürlich und fröhlich über jemanden, der ausrutscht und in eine Pfütze fällt? Das arabische Sprichwort „Der schlimmste Schicksalsschlag bringt die Menschen zum Lachen" trifft den Nagel auf den Kopf:
Ein Dummkopf stattete einem Leidenden einen Krankenbesuch ab. Als er dann Abschied nehmen wollte, sagte er zu den Verwandten des Kranken: „Herzliches Beileid!"
„Aber er ist doch nicht tot", sagten sie erstaunt.
„Mit Gottes Hilfe wird er schon sterben."

Ein Dummkopf verließ das Haus, begleitet von einem Jungen in rotem Hemd. Er trug den Jungen auf der Schulter, dann vergaß er ihn völlig. So fragte er die Passanten: „Habt ihr einen Knaben in rotem Hemd gesehen?" Bis schließlich einer erwiderte: „Vielleicht meinst du den da, der auf deiner Schulter hockt." Der Dummkopf hob das Haupt und versetzte dem Jungen einen kräftigen Hieb mit den Worten: „Listiger Bursche, habe ich dir nicht gesagt, wenn du bei mir bist, sollst du nicht von meiner Seite weichen?"

Scheich Dschuha
und andere Gestalten des altarabischen Humors

Im Jahre 1883 erschien in Kairo ein kleines Buch mit dem Titel „Die Nawādir Dschuhas, des Khodschā Nasr-ad-Dīn ar-Rūmī“, das hundert Anekdoten enthielt. Seitdem sind vielerlei Sammlungen und Ausgaben in den arabischen Ländern erschienen, und alle diese Ausgaben identifizieren Dschuha mit Khodschā Nasr-ad-Dīn, der in Akschehir, der Provinz Konya in der heutigen Türkei, geboren wurde und von 1208/9 bis 1284/5 lebte. Das oben erwähnte Büchlein ist eine arabische Übertragung aus der ersten türkischen Anekdotensammlung, die im Jahre 1837 zum erstenmal veröffentlicht wurde und hundertfünfundzwanzig Stücke umfaßte. Von der Zeit an stellte sich die Frage nach dieser Figur und seiner Realität. Gab es einen Scheich mit dem Namen Dschuha oder nicht?

Man behauptete, Dschuha habe im 12. Jahrhundert gelebt; viele waren der Ansicht, es sei im 13. Jahrhundert gewesen, und andere, wenige, meinten, Dschuha sei in der zweiten Hälfte des 14. Jahrhunderts geboren worden und habe in der ersten Hälfte des 15. Jahrhunderts noch gelebt. Es gab sogar Stimmen, die meinten, es handele sich um einen gebildeten Mann, der in der Regierungszeit des Kalifen Hārūn ar-Raschīd (786—809) gelebt habe. R. Basset jedoch widerlegte diese Meinungen:

In seiner Sammlung der Anekdoten Dschuhas[1] stellte er fest, daß sie arabischen Ursprungs sind, Anekdoten

[1] R. Basset, Mille et un contes, récits et légendes arabes. Paris 1924—26

und Humoresken, die im 10. Jahrhundert über einen gewissen Abu 'l-Ghusn Dudschajn ibn Thābit, genannt Dschuha — einen Araber aus dem Stamme Fazārah — überliefert wurden. Diese Humoresken seien den Türken durch mündliche Überlieferung bekanntgeworden und von ihnen dem Khodschā Nasr-ad-Dīn zugeschrieben worden. Durch die spätere Übersetzung ins Arabische sei den Arabern das angeblich „geraubte" Gut von den Türken zurückgegeben worden.

Eine gründliche Untersuchung der altarabischen Literatur bestätigt die Meinung des französischen Orientalisten. Aus den uns vorliegenden Quellen stellen wir fest, daß die Anekdoten der türkischen Ausgabe zum größten Teil altarabischer Herkunft sind. Einige von ihnen sind tatsächlich unter dem Namen Dschuha überliefert, andere anonym oder unter den Namen anderer Spaßmacher und Volkslieblinge.

Der Name Dschuhas ist umstritten und wird in den alten Quellen nicht übereinstimmend wiedergegeben. In *Nathr ad-durar* (siehe für alle genannten Titel das Quellenverzeichnis) beispielsweise heißt es, al-Dschāhiz habe berichtet, Dschuha hieße Nūh. In einem anderen Werk heißt er Abdullāh. Doch die meisten stimmen darüber ein, daß Dschuha Dudschajn ibn Thābit hieß und die *Kunjah* Abu 'l-Ghusn trug. Aus dem Buch *'Ujūn at-tawārīkh* von Ibn Schākir al-Kutubī erfahren wir, daß Dschuha im Jahre 777 im Alter von hundert Jahren oder mehr starb. Seiner Biographie sind fünfundzwanzig Anekdoten zugefügt mit dem Nachsatz: „... und seine Possen sind sehr zahlreich." In *Kitāb*

Dscham' al-Dschawāhir heißt es, daß auf dem Ring des Abu 'l-'Ibar eingraviert war: „Dschuha starb am Mittwoch" — ein Beweis dafür, daß Dschuha im 9. Jahrhundert sehr bekannt war.

Von allen Volkslieblingen des mittelalterlichen Arabien hat wohl keiner eine ähnliche Beliebtheit genossen, die bis zum heutigen Tage andauerte. So ist es erklärlich, daß die Geschichten anderer nach und nach ihre Authentizität verloren und anonym überliefert wurden, bis man sie schließlich Dschuha zuschrieb. In Verbindung mit seinem Namen fanden sie Anerkennung und schnelle Verbreitung. Und aus dem Türkischen wanderten sie in alle Erdteile und Sprachen der Welt. Man kann daher annehmen, daß der Name Khodschā der türkischen Witzfigur Nasr-ad-Dīn aus dem arabischen Dschuha abgeleitet ist. In die persische Literatur ist er als Dschúhí eingegangen. Über die Berber erreichte er die Malteser, die ihn bis heute als Dschahan aussprechen. Und man darf vermuten, daß die italienischen Witze unter dem Namen Giova oder Gioca gleichfalls ihren Ursprung im Arabischen haben — weiß man doch, wie stark der Einfluß der arabischen Literatur auf das Italien des Mittelalters war.

In keinem der erwähnten altarabischen Werke kommt — trotz der Unklarheit, die über den Namen Dschuhas herrscht — der Name Khodschā Nasr-ad-Dīn vor. Von Nasr-ad-Dīn Khodschā wurde behauptet, daß er am Hofe der beiden berühmten mongolischen Eroberer Dschingis Khan und Timur Lenk verkehrt habe. Die Unhaltbarkeit dieser Behauptung ergibt sich aus der einfachen Tatsache, daß Nasr-ad-Dīn achtzehn Jahre

alt war, als Dschingis Khan 1227 starb, und bereits einundfünfzig Jahre unter der Erde lag, als Timur Lenk 1336 geboren wurde.
Wie dem auch sei, Dschuha weilt geistig noch heute unter uns und wird auch den heutigen und späteren Generationen als ein spaßiger und bauernschlauer Volksliebling willkommen sein.
Infolge der Popularität der ersten türkischen Sammlung von Khodschās Geschichten im Jahre 1837, die einhundertfünfundzwanzig Anekdoten aufwies, kam 1926 eine größere, umfassendere Sammlung von vierhundert Anekdoten zustande. Der erheblich größere Umfang ist darauf zurückzuführen, daß Witze von anderen oder anonym überlieferte Anekdoten dem witzigen Khodschā angedichtet worden sind. Diese erweiterte Sammlung wurde von H. S. Tarābulsī mit dem Titel *Nawādir Dschuha alkubrā* in den fünfziger Jahren unseres Jahrhunderts ins Arabische übertragen. In unserer Sammlung dagegen wurde auf die türkischen Elemente und die Begebenheiten mit den beiden mongolischen Eroberern verzichtet. Um so mehr wurden die aus arabischen Quellen herrührenden Texte berücksichtigt.
Eine besondere Eigenart ist es, daß Dschuha selbst eine Art „Witz“ geworden ist: Er ist der gemeinsame Nenner vieler menschlicher Charaktereigenschaften. Einerseits ist er der kluge Ratgeber, der listige Rächer oder der schelmisch Schlagfertige, andererseits der Dummkopf und Einfaltspinsel mit der falschen Logik. Einmal ist er ein Geizhals, ein anderes Mal großzügig und freigebig. Er ist Gelehrter, Scheich, Imam und Kadi, doch manchmal steht er selbst vor dem Richter. Das beweist

nur, daß die Figur Dschuha mehrere Personen einschließt und daher psychologisch nicht charakterisierbar ist.

Die zweite Witzfigur nächst Dschuha, die noch heute Popularität und Beliebtheit genießt, ist der Mediner Schu'ajb ibn Dschubajr, genannt Asch'ab der Gierige, der 771 in Medina starb. Ihm werden heute nahezu alle Witze über Gier und Schmarotzerei zugeschrieben, und eine größere Zahl von Nawādir unserer vorliegenden Sammlung drehen sich um ihn.

Neben den Genannten genießt als dritter der Dichter und Hofnarr der 'Abbasidenzeit, Abu Nuwās, ebenfalls besondere Beliebtheit bei allen Schichten des arabischen Volkes. Seine erotischen Gedichte und jene über den Wein haben ihn berühmt gemacht. Wir begegnen ihm fast in jeder Anekdote über Hārūn ar-Raschīd, da er sein bevorzugter Höfling und Reisebegleiter war.

Muzabbid al-Madīnī, der berühmte Schmarotzer, lebte in Medina zur selben Zeit wie Asch'ab, bis er sich zur Regierungszeit des Mahdī (775—785) nach Bagdad wandte. Seine Schmarotzereien und geistreichen Ausreden sind heute in den Sammlungen von Geschichten um Dschuha, Asch'ab und Abu Nuwās enthalten, wo sie als deren Erlebnisse auftreten.

Ein angeblicher Dummkopf war der Millionär und Juwelier Ibn al-Dschassās, der 927/28 in Bagdad starb. Viele Witze bezeugen seine Einfalt und Dummheit, doch al-Kutubi berichtet in seinem Werk, daß Ibn al-Dschassās nur vortäuschte, dumm zu sein, um sich vor der Rache und Gewalt der Wesire und Kalifen zu schützen. Das kann durchaus der Wahrheit entsprechen, da er in einer politisch kritischen und von Intrigen erfüllten Zeit lebte.

Außer den erwähnten Witzfiguren gibt es nahezu hundert andere, von denen in unserer Sammlung nur wenige mit ihren Namen erscheinen wie beispielsweise Bahlūl, Habannakah, al-Dschammāz, al-A'masch und Abu Dulāmah, während die Späße anderer anonym blieben. Dazu kommen noch zahlreiche Witze über mancherlei Typen oder Vertreter von Ständen und Berufen wie Kalifen, Emire, Statthalter, Höflinge, Dichter, Sänger, Philologen, Theologen, Richter, Schreiber, Erzähler, Lehrer, Scheiche, Spaßmacher, Diener, Bettler, Strolche, Beduinen und falsche Propheten. Eine besondere Gruppe bilden die lieben Nachbarn. Und die Frauen geben wie Dschuha dank List und Schlagfertigkeit, aber auch durch Torheit und Einfalt Anlaß zum Gelächter. Oft genug erscheinen die Männer als ihre Pantoffelhelden, und nur selten machen sie ihre Drohung „Verstoßen seist du!“ wahr.

Zur Ausgabe

Über den Humor des Nahen Ostens gibt es nur wenige Abhandlungen in der modernen Literatur. Und die vorhandenen Arbeiten sind von zwei grundverschiedenen Gesichtspunkten her abgefaßt. In der Sammlung A. Wesselskis[1] in deutscher ebenso wie in jener R. Bassets[2] in

[1] A. Wesselski, Narren, Gaukler und Volkslieblinge. Weimar 1911

[2] R. Basset, Mille et un contes, récits et légendes arabes. Paris 1924—26

französischer Sprache wird der Humor vom folkloristischen Standpunkt und im Zusammenhang mit dessen heutigen Ausdrucksformen behandelt. Beide, Wesselski und Basset, sowie andere Sammler humorvoller Geschichten und Anekdoten aus dem Nahen Osten haben zwar eindrucksvolles Material zusammengebracht, jedoch lag ihnen wohl nicht daran, dieses Material historisch auszuwerten. Sie gaben Sammlungen „populärer" Anekdoten heraus und legten keinen großen Wert darauf, die Quellen auf eventuelle Ähnlichkeiten oder Überkreuzungen zu durchforschen. Das genaue Gegenteil ergaben die Bemühungen F. Rosenthals[3]. Seine in englischer Sprache verfaßte Analyse des Islamischen Humors und der Legende Asch'abs ist von hervorragender Genauigkeit und entscheidendem historischen und literaturwissenschaftlichen Wert. Doch diese literaturwissenschaftliche Analyse macht das Werk nur Männern vom Fach zugänglich. Nicht so streng philologisch hingegen ist 'A.-S. Farrādschs[4] Untersuchung der Anekdoten Khodschās oder Dschuhas und deren Spuren und Ursprungsquellen in der altarabischen Literatur. Seine in arabischer Sprache erschienene Arbeit ist mit entsprechenden Fußnoten und Abhandlungen über die Identität der berühmten Volkslieblinge Arabiens und der Türkei versehen.

In diesem Band waren wir bemüht, beiden Richtungen gerecht zu werden. Es sollte populär, aber doch wissenschaftlich fundiert sein. Um dies zu erreichen, mußten

---

[3] F. Rosenthal, Humor in early Islam. Leiden 1956

[4] 'A.-S. Farradsch, Akhbar Dschuha. Kairo 1954

wir bei vielen Texten die Überlieferungskette auslassen, auf Namen von Personen verzichten und die Geschichten anonym weitergeben. Die in den Beiträgen namentlich genannten Personen haben wir in einem Register mit Stichworten über ihr Leben zusammengefaßt, um dem Leser die Möglichkeit zu bieten, sich ein Bild von deren Zeitalter, Umgebung und Gesellschaftsordnung zu machen. In den ausführlichen Quellennachweisen sind auch die Sterbedaten der Verfasser hinzugefügt (soweit sie bekannt sind), um dem Leser einen Einblick in die Fülle der arabischen Literatur des frühen Mittelalters zu gewähren. Im übrigen haben wir, da die Texte ohne weiteres verständlich sind, auf Anmerkungen und weitere philologische Einzelheiten verzichtet, um das Vergnügen des Lesers an diesen Schmunzelgeschichten nicht einzuschränken oder gar zu gefährden. Die wenigen arabischen Begriffe (wie Imam) wurden am Schluß des Bandes erklärt, und zur bequemeren Lektüre wurde von der wissenschaftlichen Schreibweise der arabischen Namen abgesehen.

Aus dem Abschnitt über die Nawādir geht wohl schon deutlich hervor, daß man damals die genaueren Unterschiede zwischen schwankartiger Episode, Anekdote, Witz und Bonmot nicht kannte. Man sammelte nicht eigentlich Witze, sondern Geschichten, in denen die Volkslieblinge auf frappierend belustigende Weise vom erwarteten oder üblichen Benehmen abwichen. Im Gegensatz zu allen bisher bekannten Sammlungen, in denen längere schwankhafte Episoden oder Anekdoten zusammengestellt wurden, haben wir hier zum erstenmal der kurzen, scharf pointierten Humoreske, deren

Wesen und Wirkung auf Schlagfertigkeit oder auf einer beabsichtigten oder unbeabsichtigten Eselei beruht, den Vorzug gegeben. Dabei sollte möglichst keine Spielart des Humors fehlen. Neben zahlreichen Beispielen für die Situations- und Charakterkomik stehen solche der satirischen Bloßstellung eines bestimmten Typs (z. B. der Geizhals, der Schmarotzer) oder einer ganzen Gruppe (z. B. der liebe Nachbar). Die witzige Wirkung kann auf Selbstironie, auf Zynismus oder Galgenhumor beruhen, auf geistvollem Spott oder schmunzelnder Schadenfreude, auf listiger Ausrede oder einfältiger Erwiderung, wobei die Torheit echt oder geheuchelt sein kann, auf berechneter Irreführung oder falscher Logik. Einzig der Wortwitz fehlt, obwohl die arabischen Quellen ihn in Hülle und Fülle enthalten. Aber der Wortwitz ist nur in den seltensten Fällen übersetzbar. — In vielen der Geschichten spielt der Esel eine Rolle, aber nicht nur darum erscheint im Titel unserer Sammlung der Oberbegriff Eseleien.

Wir hoffen, dem Leser eine Auswahl vorzulegen, die ihm sowohl einen Einblick in eine andere alte Kultur vermitteln als auch Freude, Vergnügen und Entspannung bereiten kann.

Frankfurt am Main, im Juli 1965

Sam Kabbani

Schelme und Tröpfe

1

Am frühen Morgen besuchte Dschuha die Wassermühle und machte sich daran, Mehl aus den Körben anderer Leute in seinen Korb zu schaufeln.
„Warum tust du das, Dschuha?" fragte der Müller.
„Weil ich dumm bin."
„Wenn du dumm bist, warum verteilst du nicht den Inhalt deines Korbes auf die übrigen Körbe?"
„Wenn ich dies täte, wäre ich doppelt so dumm!"

2

Nach einem reichlichen Mahl wurde Asch'ab von dem Kalifen gefragt: „Ich habe erfahren, daß du, was Speisen anbelangt, einen guten Geschmack hast. Was sagst du also zu Mandelpudding und Mandelmus? Was schmeckt besser?"
„O Emir der Gläubigen", erwiderte Asch'ab, „es geziemt sich nicht, ein Urteil über Abwesende zu fällen."
Der Kalif befahl, einen Tisch mit den erwähnten Näschereien hereinzubringen und ihn vor dem Emir aller Schmarotzer hinzustellen. „Urteile nun!" sagte der Kalif gut gelaunt.
Da stürzte sich Asch'ab gierig auf das erste Gericht, dann auf das zweite, ohne einen Ton von sich zu geben.
„Sag, welches Gericht schmeckt besser!" befahl der Kalif. Und: „Entscheide dich für eins von beiden", feuerte der Wesir ihn an.
Asch'ab zögerte und blickte auf die beiden süßen Speisen. Dann nahm er wieder einen Happen von jeder und

versicherte: „O Fürst der Gläubigen, jedesmal, wenn ich glaube, mich für eine entschieden zu haben, machen mich die Vorzüge der anderen wieder unsicher."
Da lachte der Kalif, bis er auf dem Rücken lag, und ersparte Asch'ab das Urteil.

3

Dschuha wurde einmal bei einem Fürsten empfangen. Da fragte ihn der Emir, wieviel Kinder er habe. „Acht Kinder", rief der Scheich, und der Fürst befahl, man möge Dschuha achttausend Darāhim geben. Beglückt empfing Dschuha den Geldsack und wandte sich zum Ausgang. Doch plötzlich blieb er stehen, als sei ihm noch etwas eingefallen, machte dann kehrt zum Emir und meinte, jener habe noch eine Person vergessen. „Wen?" fragte der Emir. „Mich selbst", sagte Dschuha. Da lachte der Fürst und vermachte ihm weitere tausend Darāhim.

4

Dschuhas Frau verbot ihm, nach Hause zu kommen, wenn er keine zwei Dinare mitbrächte. Hilflos wandelte er durch die Gassen und überlegte, wie er zu Geld gelangen könne. Inzwischen wurde es dunkler, und die Dämmerung brach ein. Verzweifelt suchte er in einer Ruine am Rande des Vorortes Zuflucht. Dort entdeckte er einen Mann, der mit Honigwachs spielte und daraus eine Gestalt formte. Unbemerkt beobachtete der Scheich das seltsame Spiel und belauschte den Fremden, wie er zu der Wachsgestalt sprach: „Du bist Adam. Gott hat dich geschaffen und im Paradies angesiedelt. Auch hat er dir verboten, vom Baum der Erkenntnis zu kosten. Doch du folgtest deinem Weib und mißachtetest das Gebot deines Herrn. So wurdest du aus dem Paradies getrieben; seither müssen deine Nachkommen im Schweiße ihres Angesichts ihr Brot erwerben. Aus diesem Grunde muß ich dich vernichten."

Er ballte die Hand zur Faust und ließ sie mit voller Kraft auf den Kopf der kleinen Figur fallen. Dann formte er aus dem Wachs eine andere Gestalt und sprach sie an: „Und du, Eva, du ließest dich vom Teufel verführen und brachtest Adam soweit, die verbotene Frucht zu kosten. Du warst schuld daran, daß er aus dem Paradies vertrieben wurde. Deshalb muß ich dich vernichten."

Abermals hob sich die Hand und zerquetschte das weiche Wachs, und abermals entstand eine neue Figur und wurde von ihrem Schöpfer angesprochen: „Und du, verdammter Luzifer, du warst Führer der Engel, hast dich aber geweigert, vor Adam zu knien und hast versucht, ihn zu verführen und ihn aus dem Paradies zu jagen. Für diese Taten muß ich dich vernichten."

Die neue Gestalt sprach der Mann mit den Worten an: „Und du, Herr, du hast Adam geschaffen und ins Paradies geführt. Warum hast du ihm verboten, von jenem Baum zu kosten? Warum hast du ihn aus dem Paradies hinausgeworfen? Dafür verdienst du den Tod!"

Bevor er aber dazu kommen konnte, auch diese Figur wie die anderen zu zerstören, rief Dschuha hoffnungsvoll: „Warte, warte! Töte ihn nicht, bevor ich von ihm zwei Dinare nehme, sonst läßt meine Frau mich nicht ins Haus."

Als der Fremde plötzlich den unerwarteten Zuruf vernahm, fuhr er zusammen und machte sich davon, als wären böse Geister hinter ihm her. Sein ganzes Hab und Gut ließ er im Stich. Dschuha streckte seine Hand in die Satteltasche und fand in ihr einen Geldsack mit hundert Dinaren. Überglücklich eilte er mit dem Beutel zu seiner Frau.

„Wo hast du das viele Geld her, Dschuha?"

„Ich habe es gewonnen, als ich dem lieben Gott das Leben rettete."

5

Asch'ab erzählte: „Abū 'z-Zinād und ich wuchsen unter der Obhut von 'Ā'ischah bint 'Uthmān auf. *Er* stieg immer höher auf, und *ich* sank immer tiefer ab, bis wir unseren heutigen Stand erreichten."

6

Ein ungewöhnlich häßlicher Mann aus Basrah reiste einst nach Bagdad. Dort traf er zwei Witzbolde und bat sie, für ihn eine Wohnstätte ausfindig zu machen. Der eine von den beiden Einheimischen fragte den Mann, woher er käme.

„Aus Basrah", versicherte der Reisende.

„Bei Gott, Bruder", bemerkte der andere, „alles hat sich in dieser Welt geändert. Früher holte man die Affen aus Jemen. Heute holt man sie aus Basrah!"

7

Ibn Darrādsch erzählte: „Ein Leichenzug zog an mir und an meinem Sohn, der mir zur Linken stand, vorbei. Neben dem Sarg ging eine weinende Frau, die klagte: ‚Sie tragen dich in ein Haus ohne Einrichtung oder Lager, ohne Gastfreundschaft oder Besuch, ohne Brot oder Wasser ...'"

„O Vater", rief mein Sohn, „bei Gott, dieser Leichenzug geht auf unser Haus zu!"

„Wie kommst du darauf?" fragte ich erstaunt.

„Du hast doch gehört, wie sie gerade unser Haus beschrieb."

8

Als Asch'ab einmal seinen Sohn dabei ertappte, wie dieser eine Frau anstarrte, bemerkte er: „Mein Sohn, dein Blick kann eine Frau Mutter werden lassen!"

9

Der Kalif al-Mutawakkil wollte sich an einem seiner Hofnarren belustigen. So befahl er, man solle den Narren in den großen Brunnen des Innenhofes werfen. Es war tiefer Winter, und der Witzbold hätte sich beinahe vor Kälte und Nässe den Tod geholt, bis man ihn aus dem Brunnen hob, ihn abtrocknete und ihm neue Gewänder anlegte. Als man ihm dann dem Kalifen vorführte, fragte ihn al-Mutawakkil: „Wie fühlst du dich und wo kommst du her?"

„O Fürst der Gläubigen, ich bin soeben aus dem Jenseits zurückgekehrt!"
„Wie geht es meinem Bruder al-Wāthik im Jenseits?"
„Bedaure, Herr, an der Hölle bin ich nicht vorbeigegangen."
Da lachte al-Mutawakkil und ließ dem Narren ein Geschenk zukommen.

10

Mu'āwijah ibn Marwān, der Bruder des Kalifen Abdul-Malik, war ein Einfaltspinsel. Eines Tages, als er vor dem Tor von Damaskus auf Abdul-Malik wartete, erblickte er einen Esel, der stetig um einen Mühlenstein trottete; am Hals des Tieres hing eine Glocke.
„Warum hast du dem Esel eine Glocke umgehängt?" fragte der Bruder des Kalifen den Müller.
„Sollte ich zufällig einschlafen, meldet mir der Klang der Glocke, ob der Esel weitertrottet oder stehengeblieben ist."
„Aber wenn er einmal innehält und mit dem Kopf wackelt? Woher willst du dann wissen, daß er nicht mehr seine Runde macht?"
„Wie sollte mein Esel mit einem Verstand wie dem deinen ausgerüstet sein, o würdiger Emir?"

11

Als Ibn Darrādsch krank zu Bette lag, fragte er seinen Sohn: „Was wünschst du dir?"
„Ein Waisenknabe zu sein!"

12

Der Emir Hasan, der Enkel des Kalifen 'Alī, lud Asch'ab ein, einige Zeit bei ihm zu bleiben. Eines Tages sagte er zu Asch'ab: „Ich möchte die Leber dieses Lammes haben", und er wies auf ein Lamm, das ihm besonders wert und teuer war.
„Ich flehe dich an", bettelte Asch'ab, „laß mich dieses Lamm haben, und ich schlachte dir das fetteste Lamm in Medina."
„Ich sage dir, daß ich die Leber *dieses* Lammes begehre", betonte Hasan, „und du bietest mir die des fettesten in Medina an! Diener, schlachte dieses Lamm!" Der Diener tat, wie ihm geheißen, briet die Leber und die auserlesensten Teile auf dem Rost und servierte sie dem wartenden Gebieter, der sie sogleich verzehrte.
Am nächsten Tag sagte Hasan zu Asch'ab: „Asch'ab, ich wünsche die Leber dieses meines feinen Kamels", und er deutete auf eines seiner Kamele, das tausend Darahim wert war.
„O Herr", bedrängte ihn Asch'ab, „der Wert dieses Tieres könnte alle meine Wünsche wahr werden lassen. Deshalb bitte ich dich, gib es mir, und ich werde dir die Leber jedes frisch geschlachteten Kamels in Medina bringen."
„Ich sage dir, daß ich die Leber *dieses* Kamels wünsche, und du bietest mir die Leber eines anderen an! Diener, töte es!" Der Diener vollzog die Schlachtung und briet die Leber, und die beiden verzehrten sie.
Am dritten Tage sagte Hasan zu Asch'ab: „Asch'ab, heute wünsche ich mir deine Leber."

Zusammenfahrend rief Asch'ab aus: „Was, du ißt Menschenleber?"
„Ich sagte es dir", erwiderte Hasan. Worauf Asch'ab sich hastig erhob und sich aus dem Obergeschoß in den Hof stürzte. Dabei brach er sich ein Fußgelenk. Auf die Frage, ob er wirklich geglaubt habe, Hasan werde ihn schlachten lassen, antwortete er: „Wenn er sich meine Leber oder irgendeine andere in der ganzen Welt wünscht, zögert er keinen Augenblick, sich das Gewünschte zu verschaffen."
Natürlich hatte Hasan die Schlachtung des Lamms und des Kamels als Vorbereitung für den Streich veranlaßt, den er Asch'ab spielen wollte.

13

Ein Junge sagte zu einem Witzbold: „Onkel, bleib doch stehen, damit ich dich ohrfeigen kann!"
„Ich habe es eilig", gab der Witzbold zurück. „Schlage meinen Bruder an meiner Stelle!"

14

Einige Männer des Stammes Tīmullāh traten bei einem Irren aus dem Stamme Asad ein und foppten ihn. Da sagte der Irre: „O Männer des Tīmullāh, ich habe noch kein Volk gesehen, das großzügiger ist als das eure." Befragt, wie er darauf käme, erklärte er: „In dem Stamme Asad gibt es keinen Irrsinnigen außer mir, und sie legten mich deshalb in Ketten. Ihr dagegen seid alles Irre und lauft dennoch frei herum!"

15

Ein Mann trat bei ʿĀmir asch-Schaʿbī ein, als dieser sich gerade mit einer Frau unterhielt. Da fragte der Mann: „Wer von euch beiden ist asch-Schaʿbī?" Da zeigte asch-Schaʿbī auf die Frau und sagte: „Dieser da."

16

Ein Mann, der neben Dschuha saß, ließ Winde los und schämte sich deswegen. Um das Geräusch zu verdecken, schlug er mit dem Fuß rhythmisch gegen ein Stück Holz. Da meinte Dschuha: „Nehmen wir an, es gelänge dir, das Geräusch zu übertönen. Was aber machst du gegen den Geruch?"

17

Einer fragte Aschʿab, weshalb dieser ihm nicht dankbar sei für die Freundlichkeit, die er ihm erwiesen habe. Da meinte Aschʿab: „Deine Freundlichkeit rührte von jemandem her, der keinen Lohn erwartet, und so kam sie einem zugute, der nicht dankbar ist."

18

Da das Haus des Dschammāz ziemlich eng war, lud er niemals mehr als drei Gäste auf einmal ein. Eines Tages bat er nun drei seiner Freunde, seine Gäste zu sein. Sie erschienen aber mit weiteren drei Leuten vor der Tür, und jeder stellte sich auf ein Bein und hielt das andere angewinkelt. Als sie anklopften, blickte al-Dschammāz seiner Gewohnheit nach durch eine Luke im unteren Teil der Haustür und zählte drei Beinpaare. Er öffnete die Tür und war sehr überrascht, als er sechs Personen vor sich sah. Darauf sagte er verärgert: „Verlaßt mein Haus! Ich habe Männer eingeladen und keine Störche."

19

Der Hofnarr des Kalifen al-Mahdī machte es sich zur Gewohnheit, die Witze Muzabbids gut zu behalten und den Kalifen damit zu belustigen. Dadurch gewann er viele Geschenke und beträchtliche Summen, worauf Muzabbid nachdenklich bemerkte: „Bei Gott! Ich säe und säe — und du erntest!"

20

Ein Mediner erzählte Asch'ab eine Geschichte, die diesen in Erstaunen versetzte. Da sagte Asch'ab zu dem Erzähler: „Etwas stimmt nicht an deiner Geschichte." Als der Mediner sich erkundigte, wie er das meine, erklärte Asch'ab: „Sie steht auf dem Kopf."

21

Asch'ab betete einmal ohne Begleitung in der Moschee. Dabei zog er eine Grimasse, die sein Gesicht wie einen zusammengeballten Haufen erscheinen ließ; er war dazu fähig, weil er durch Massage alle seine Muskeln gelenkig hielt. Ein Bekannter Asch'abs erblickte ihn, unterbrach ihn im Gebet und ermahnte ihn: „Asch'ab, wenn du zu deinem Herrn sprichst, so tu es mit lockerem (d.h. freudigem) Gesicht." Worauf Asch'ab sein Kinn so arg ausdehnte, daß es nahezu seine Brust berührte. Der Bekannte wandte sich von ihm ab mit den Worten: „Aber doch nicht *so* locker!"

22

'Uthman ibn Hafs traf Abu Nuwās, der blaß aussah und sich gerade von einer schweren Krankheit erholte. 'Uthman war der häßlichste aller Männer.
„Was ist die Ursache deiner Blässe, Abu Nuwās?" fragte er.
„Als ich dich erblickte, habe ich mich an meine Sünden erinnert", sagte der Witzbold.
„Was haben deine Sünden mit meinem Anblick zu tun?"
„Nun ja, ich fürchtete, Gott könnte meine Sünden dadurch bestrafen, daß er mir dein Aussehen verleiht!"

23

Mūsā, der Sohn des Kalifen al-Mahdī, ließ Bahlūl und einen anderen Dummkopf herbeiholen und wollte sich über sie lustig machen. „Was hat der Name Bahlūl (Irrsinniger) für eine Bedeutung?" wollte er von Bahlūl wissen.
„Und was hat denn Mūsā (Moses) für einen Sinn?" entgegnete Bahlūl.
Erzürnt über diese Frechheit, ließ Mūsā die beiden ab-

führen und bestrafen. Da wandte sich Bahlūl zu seinem Gefährten und flüsterte laut: „Merke dir, wir waren zwei Irre, jetzt sind wir drei!"

24

Einmal wollte Dschuha ein Gemisch aus Mehl und Zukker essen, während er auf seinem Esel ritt. Es wehte aber ein heftiger Wind, und sobald Dschuha ein wenig von dem Gemisch zum Munde führen wollte, flog es davon.
„Was ißt du da, Dschuha?" fragte ein Weggefährte.
„Wenn es so weiter geht, nichts!"

25

„Warum sagst du nicht etwas uns Verständliches?" fragte einer den Dichter Abu Tammām.
„Und warum versteht ihr nicht, was ich sage?" gab der Dichter zurück.

26

Einige Freunde fanden Dschuha im Schatten eines Baumes und einigten sich, ihm einen Streich zu spielen und seine Pantoffeln zu stehlen. So trat einer von ihnen vor und sprach den Scheich an: „Wenn du diese hohe Palme besteigst, bekommst du zehn Darahim."
Dschuha, der ihre Absicht an ihrem Geflüster bereits erkannt hatte, stand auf, zog die Pantoffeln aus und steckte sie in seinen Gürtel.

Da riefen die anderen: „Aber Scheich Dschuha, warum nimmst du die Pantoffeln mit? Auf dem Baum wirst du sie doch nicht brauchen?"
„Wer weiß", erklärte Dschuha daraufhin, „vielleicht finde ich auf dem Baum einen anderen Weg. Dann kann ich die Pantoffeln sehr gut gebrauchen."

27

Asch'ab kam einmal zu al-Walīd ibn Jazīd. Dieser hatte ein wenig Alkohol zu sich genommen. Er stellte Asch'ab einen Wunsch frei. „Laß den Befehlshaber der Gläubigen zuerst einen Wunsch äußern! Dann spreche ich den meinen aus", erwiderte Asch'ab.
„Du willst mich nur übertreffen. Doch das wird dir nicht gelingen! Ich wünsche mir das Doppelte von dem, was du dir wünschst, ganz gleich, was es sei."
Darauf sagte Asch'ab: „Dann wünsche ich mir ein doppeltes Maß Tortur."
„Wir werden es dir gleich voll auszahlen", beteuerte al-Walīd lachend.

28

Sulajmān al-A'masch fragte einen Freund: „Wünschst du dir diese und jene andere Speise?" Dabei beschrieb er zwei köstliche Gerichte.
„Bei Gott, ich brenne sogar darauf!" rief der Freund und versprach sich ein fürstliches Mahl.
„Dann laß uns aufbrechen!" sagte al-A'masch und führte den Freund in sein Haus. Dort angekommen,

tischte al-A'masch seinem Gast hartes, trockenes Brot und Wasser auf und sagte zu ihm: „Da, iß!"
„Wo bleiben die Speisen, die du erwähnt hast?" fragte der Freund enttäuscht.
„Ich habe nicht gesagt, daß ich sie besäße. Ich habe dich lediglich gefragt, ob du sie dir wünschst."

29

Ein Damaszener sagte zu einem Mediner: „Ich stelle fest, daß eure Gelehrten geistreicher und eure Dummköpfe witziger als die unseren sind!"
„Weißt du nicht, woher das kommt?"
„Nein, bei Gott!"
„Vom Hunger! Siehst du nicht, daß eine Laute nur deswegen so herrlich klingt, weil ihr Bauch hohl ist?"

30

Der Wali von Basrah wollte Dschuha für seine Dienste belohnen. So fragte er den witzigen Scheich: „Wünsche dir etwas, und ich werde deinen Wunsch erfüllen."
„O gerechter Herr, ich wünsche mir einen Erlaß von Euch, der mich berechtigt, von jedem, der Angst vor seiner Frau hat, einen Esel zu nehmen."
Der Wali stellte Dschuha den gewünschten Erlaß aus. Einige Tage später sah der Wali, wie Dschuha mit einer Herde von Eseln in die Stadt einzog. Er ließ ihn zu sich rufen und fragte ihn, woher die vielen Esel kämen.
„Ich habe sie von Männern erhalten, die sich vor ihren Frauen fürchteten", erklärte Dschuha. Und als er das

Erstaunen des Statthalters wahrnahm, fügte er hinzu: „Und ich habe in einer anderen Ortschaft eine wunderhübsche Magd entdeckt, deren Antlitz dem Vollmond und deren Figur dem Bambus gleicht; ihre Augen funkeln wie die Sterne, ihre Wangen strahlen vor Reife, ihre Lippen sind wie Rosenblätter und ..."

„Sprich leise, Dschuha", unterbrach der Wali den Redefluß. „Meine Frau ist im Nebenzimmer, und ich fürchte, sie könnte uns hören."

Da stand Dschuha auf und sagte: „Wenn ich von jedem Furchtsamen einen Esel nehmen kann, so müßte ich von Euch zwei nehmen!"

31

Ein Mann klagte al-Dschammāz sein Leid: „Meine Mutter befindet sich in Basrah, und ich bin um sie in Sorge. Ich möchte sie nach Bagdad bringen. Doch fürchte ich, sie könnte ertrinken, wenn ich sie auf dem Wasserweg hole. Auf dem Weg zu Lande aber fürchte ich die Räuber. Was soll ich nun tun?"

„Gib sie mit einem Gepäckversicherungsschein* auf", riet al-Dschammāz.

32

Dschuha besaß einige Eisenbarren, die ihm kostbar waren. Als er eines Tages verreisen mußte, gab er die

---

* Wörtliche Übersetzung. Das Transportwesen war damals bei den Arabern bereits hoch entwickelt.

Barren einem Krämer zum Aufbewahren. Von der Reise zurückgekehrt, fragte er den Mann nach seinen Barren. Der Krämer behauptete, Mäuse hätten das Eisen aufgenagt und gefressen, nichts sei davon geblieben. Dschuha verließ den Lügner und tat so, als hätte er ihm geglaubt.

Einige Tage später lauerte Dschuha einem von des Krämers Söhnen auf und entführte ihn. Bestürzt suchte der Krämer fieberhaft nach seinem Jungen, bis er Dschuha traf, der nach dem Grund der Aufregung fragte, als wisse er von nichts. Er hörte sich alles an, dann meinte er:

„Heute morgen hörte ich viel Lärm im Himmel. Da stürzte sich eine Amsel rasch auf einen Jungen, umklammerte ihn und trug ihn fort. Wer weiß, vielleicht war es dein vermißter Sohn."

„Ja sollte es denn denkbar sein, daß eine Amsel ein Kind entführt?"

„Warum sollte das nicht denkbar sein an einem Ort, wo Mäuse Eisen fressen?"

33

Ein Mann sagte zu Asch'ab: „Wenn du statt deiner Witze Worte des Propheten vortragen würdest, wäre das bekömmlicher für dich."

„Hör zu", erwiderte Asch'ab, „oftmals habe ich die Worte des Propheten verkündet." Darum gebeten, einen Vers Mohammeds zu zitieren, sagte er: „Nāfi' erzählte mir unter Berufung auf Ibn 'Umar, daß der Gesandte Gottes gesagt habe: ‚Wer diese zwei Vorzüge besitzt, gehört zu Gottes auserwählten Männern.'" Der Mann erkannte, daß dieser Vers zur echten Überlieferung zählte, und fragte daher nach den zwei erwähnten Vorzügen. Worauf Asch'ab rasch antwortete: „Nāfi' vergaß den einen, und ich habe den anderen vergessen."

34

At-Tabarī gab seinen Pantoffel einem Schuster zur Reparatur. Und jedesmal, wenn er an dem Schusterladen vorbeiging, erkundigte er sich nach dem Pantoffel. Der Schuster aber steckte den Pantoffel zum Einweichen ins Wasser, sobald er Tabarī von weitem erblickte. Die dauernden Fragen des Besitzers, wann der Pantoffel nun endlich fertig sei, beschwichtigte er mit der Antwort: „Gleich, gleich!"
Das wurde Tabarī allmählich zu dumm, und er sagte: „Ich habe dir den Pantoffel gegeben, damit du ihn reparierst, und nicht, damit du ihm das Schwimmen beibringst!"

35

Bahlūl, der Irre, war gerade auf dem Markt, als er einen Menschenauflauf vor einem Laden erblickte. Der Grund dafür war eine Beschädigung der Ladentür.
„Wißt ihr, wer die verursacht hat?" fragte Bahlūl. Als sie verneinten, fügte er hinzu: „Aber *ich* weiß es!"
Die Leute vermuteten, Bahlūl habe die Einbrecher bei Nacht gesehen, doch hätten die sich um ihn nicht gekümmert, weil sie wußten, daß Bahlūl ein harmloser

Irrer sei. Die Versammelten zeigten sich nun Bahlūl gegenüber sehr freundlich, weil sie hofften, er werde ihnen die Täter verraten.
„Sag uns, wer es war, Bahlūl!" baten sie.
„Ich habe Hunger", sagte er kurz. Da brachten sie ihm Speise und Süßigkeiten. Nachdem er alles verschlungen hatte, stand er auf, prüfte die schadhafte Ladentür und meinte: „Das ist das Werk von Nachtdieben!"

36

Ein Großmaul brachte seinen Sohn zu Sulajmān al-A'masch und sagte: „O Sulajmān, mein Sohn hat bei dem Soundso den Koran studiert, durch den Soundso die Dogmen des Islam in sich aufgenommen, mit Hilfe des Soundso beherrscht er die Dichtung, bei dem Soundso hat er die Grammatik erlernt und bei dem und dem das Gebiet der Theologie gemeistert."
Al-A'masch hörte sich alles stillschweigend an und sagte nichts dazu. Doch als der Mann ihn dann noch um einen Rat bat, entgegnete er schlagfertig: „So frag doch deinen Sohn!"

37

Dschuha nahm einen Sack und betrat einen fremden Garten. Als er niemanden sah, machte er sich daran, den Sack mit Rüben, Kohlrabi und anderem Gemüse zu füllen. Plötzlich stand der Besitzer vor Dschuha und wetterte los: „Was hat dich hierhergeführt und was hast du da in dem Sack?"

„Ein heftiger Wind trug mich in diesen Garten."
„Und wer hat dann das Gemüse aus der Erde rausgerissen?"
„Als der Wind mich hier zu Boden schleuderte, rollte er mich von einer Seite zur anderen. Ich versuchte, mich an den Karotten und dem anderen Gemüse festzuhalten, und so sind sie in meiner Hand geblieben."
„Und wer hat sie dann in den Sack gestopft?"
Da sagte Dschuha, Verlegenheit vortäuschend: „Bei Gott, Bruder, dieses Rätsel hat mich gerade beschäftigt, als du mich überraschtest!"

38

Freunde versammelten sich bei einem Verwandten des Ibn al-Dschassās, um ihm ihre Anteilnahme anläßlich des Todes seiner Mutter auszudrücken. Da trat Ibn al-Dschassās lachend ein und meinte: „Gott sei Dank! Es hat mich sehr gefreut, mein Vetter."
Der Trauernde und die Anwesenden staunten über diese Bemerkung. „Aber Mann, wie kannst du dich freuen, während wir trauern?" rief jemand vorwurfsvoll.
„Mir kam zu Ohren, daß mein Vetter uns verlassen hätte. Das hat mich sehr bedrückt. Aber als ich später vernahm, daß es seine Mutter war, habe ich mich so gefreut!"

39

Dschuha schuldete einem Krämer fünfzig Darāhim. Eines Tages, als der Scheich unter eine Gruppe ange-

sehener Männer trat, setzte der Krämer sich zu ihm und flüsterte ihm ins Ohr, er werde ihn, sollte er seine Schulden nicht begleichen, vor allen Versammelten anklagen. Dschuha tat so, als wäre er mit etwas beschäftigt, und wechselte seinen Platz. Der hartnäckige Krämer folgte ihm und wiederholte eindringlich, er werde den Scheich vor den Anwesenden bloßstellen. Da konnte Dschuha sich nicht mehr beherrschen. Gereizt fauchte er den Krämer an: „Ich schulde dir fünfzig Darāhim. Such mich morgen auf, und du wirst fünfundzwanzig davon erhalten. Übermorgen bezahle ich dir weitere zwanzig. Was hast du dann noch von mir zu fordern?"
„Dann fehlen noch fünf Darāhim."
„Bei Gott, Bruder", brüllte Dschuha außer sich, „wegen fünf Darāhim willst du mich so schlecht vor meinen würdigen Freunden behandeln?"

40

Man sagte zu Bahlūl: „Zähle die Irrsinnigen dieser Stadt auf!"
„Die Irrsinnigen sind zahllos und nicht zu erfassen. Wenn ihr wollt, zähle ich euch die Weisen auf, denn für sie genügen die Finger einer Hand."

41

Eines Tages saß Dschuha am Fenster und spähte hinaus. Da erblickte er einen Gläubiger, von dem er Geld geliehen hatte, und war davon überzeugt, daß der Gläubiger sein Haus aufsuchen würde. Hastig zog er sich zurück und befahl seiner Frau, den Mann um jeden Preis zurückzuweisen. Leise folgte er ihr zur Tür, um mit anzuhören, wie sie den Pfänder abschütteln würde. Als sie die ersten Klopfzeichen vernahm, öffnete sie die Tür einige Fingerbreit und erkundigte sich nach dem Anliegen des Klopfenden.

„Ich bin gewiß“, sagte der Pfänder, „daß du mich bereits an meiner Stimme erkennst, bin ich doch schon oftmals gekommen, um meine Gelder zurückzuerhalten.“

„Du kannst ganz beruhigt sein. Schon bald wirst du dein Geld erhalten, haben wir doch nun Mittel und Wege gefunden, rasch zu Geld zu kommen.“

„Wird es auch nicht lange dauern?“

„Im Gegenteil. Hör zu: Die Schafherden ziehen neuerlich öfter an unserer Tür vorbei. Und jedesmal lassen sie genügend Wollflocken zurück. Diese sammeln wir geschwind und spinnen sie zu Fäden. Von dem Erlös werden wir die Schuld begleichen.“

Da lachte der Mann und klatschte sich mit beiden Händen auf die Brust. Als Dschuha dies vernahm, steckte er den Kopf zur Tür hinaus und rief: „Du Gauner! Du hast gut lachen, jetzt, da du weißt, daß du das Geld bestimmt bekommen wirst.“

42

Der Emir der Stadt hielt sich für einen begabten Dichter. Eines Tages trug er eines seiner Gedichte dem witzigen Abu Nuwās vor und fragte ihn nach seiner Meinung. Als der Hofnarr meinte, das Gedicht sei nichts-

sagend, zürnte der Emir und ließ ihn in den Stall sperren.
Nach einem Monat ließ der Emir Abu Nuwās herbeiholen und las ihm ein neuverfaßtes Gedicht vor. Ohne das Ende des Gedichtes abzuwarten, eilte der Witzbold aus dem Hof des Fürsten.
„Wohin, Abu Nuwās?" rief der Emir.
„In den Stall, o würdiger Emir", lautete die Antwort.
Da lachte der Emir und ließ ihn frei.

43

Ein Magier begleitete einen Muslim von der Sekte der Schicksalsgläubigen. Da fragte ihn der Muslim: „Warum trittst du nicht zum Islam über?"
„Gott hat es nicht gewollt."
„Gott hat es schon gewollt, doch der Teufel will es noch nicht", versicherte der Muslim.
„Dann halte ich zu dem stärkeren von den beiden!" redete sich der Magier heraus.

44

Dschuha ließ sich vom Stoffhändler ein Stück Stoff zeigen, das sich für ein Gewand eignen würde. Dann erinnerte er sich, daß sein Gewand noch neu war, und fragte deshalb nach weicherem Stoff für ein Unterkleid. Er ließ sich den Stoff aushändigen und ging auf die Ladentür zu.
„O Scheich, du hast den Stoff nicht bezahlt!"

„Dafür habe ich dir das Stück fürs Gewand zurückgelassen.“
„Auch den Gewandstoff hast du nicht bezahlt.“
„Warum sollte ich auch? Ich habe ihn ja nicht gekauft!“

45

Asch'ab sagte zu seinem Sohn 'Ubajdah: „Ich glaube, ich täte gut daran, dich aus dem Hause zu jagen, um mich von dir zu befreien.“ 'Ubajdah fragte, wie er auf diesen Einfall gekommen sei. Asch'ab erwiderte: „Niemand auf Erden schuftet so wie ich, um einen Laib Brot zu verdienen. Und du, mein Sohn, lebst trotz deines Alters immer noch auf meine Kosten und verdienst selber nichts.“
„Sicherlich werde ich eines Tages meinen Unterhalt selber bestreiten können“, gab 'Ubajdah zurück, „doch auch die Bananenstauden tragen keine Frucht, solange die Mutterpflanze gedeiht.“

46

Ein Angeber protzte damit, daß es noch niemandem gelungen sei, ihn zu belügen oder zu bemogeln. Da ging Dschuha auf ihn zu und fragte: „Du behauptest, keiner könne dich übers Ohr hauen? Warte hier, bis ich wiederkomme. Dann zeige ich dir, wie ich einen Narren aus dir machen kann.“ Danach verließ er ihn.
Eine Stunde lang wartete der Mann auf die Rückkehr des Scheichs, bis er unruhig wurde. Einer seiner Freunde

war zufällig unterwegs und erblickte den Angeber. Er fragte ihn, weshalb er denn da stehe. Dieser erzählte ihm von der Unterredung mit Dschuha. Da lachte der Freund, bis ihm die Augen feucht wurden, und meinte: „Du Dummkopf! Hat Dschuha etwa nicht einen Narren aus dir gemacht?“

47

Ein Mann übernachtete bei einem Bekannten. Man breitete ihm eine Matte auf dem tiefer gelegenen Boden des Hofes aus, während der Gastgeber sich auf dem erhöhten Estrich des Zimmers niederlegte.
Mitten in der Nacht erwachte der Gastgeber von dem Lachen des Gastes, nahe bei ihm im Zimmer.
„Mann, du hast doch im Hof gelegen“, sagte der Gastgeber. „Wie bist du in das Haus gelangt?“
„Ich bin herübergerollt“, versicherte der Mann.
„Aber man pflegt doch von oben nach unten zu rollen. Wie bist du von unten nach oben gerollt?“
„Eben deswegen lache ich ja so.“

48

Freunde wollten sich über den Witzbold Abu Nuwās lustig machen. So gingen sie mit ihm ins Stadtbad. Jeder von ihnen hatte heimlich ein Ei mitgebracht. Im Bad angekommen, sagte einer von ihnen: „Laßt es uns den Hühnern nachmachen und Eier legen. Und wer kein Ei legen kann, trägt wohl die Badekosten für uns alle!“
Einer nach dem anderen gackerten sie wie die Hennen

und zauberten ein Ei hervor, bis die Reihe an Abu Nuwās kam. Da richtete er sich auf und krähte wie ein Hahn.

„Was soll das bedeuten, Abu Nuwās?"

„Hühner können ohne Hahn keine Eier legen. Ich bin euer Hahn!"

49

Ein Geistesgestörter entwendete ein Kind und bestieg mit ihm ein hohes Minarett. Als die Menschen ihm nacheilten und im Begriff waren, das Minarett zu besteigen und ihm das Kind aus den Armen zu reißen, warnte er sie laut, er werde das Kind von dem Minarett fallen lassen. Verlegen und ängstlich umstand die Menschenmenge den hohen Turm, als Scheich Dschuha vorbeiritt. Man berichtete ihm von dem Vorfall, worauf er nach einer Säge langte und auf das Minarett zuging. So laut er konnte drohte der Scheich, das Minarett abzusägen und somit den Irren dem Tode auszuliefern, sollte dieser das Kind nicht freigeben. Den Irrsinnigen packte die Angst, und er ließ das Kind laufen.

50

Ein Richter und ein Kaufmann waren unterwegs, da erblickte sie Dschuha. Sie wollten sich über ihn lustig machen und fragten ihn: „Sag mal, Dschuha, hast du dich niemals in der Predigt geirrt?"

„Doch, zweimal sogar: das erstemal, als ich ‚ein Richter in den Flammen der Hölle' anstelle des Verses ‚zwei

Richter in den Flammen‘ sagte. Und das zweitemal, als ich sagte ‚Wahrlich, den Kaufleuten gebührt die Hölle‘ statt ‚den Sündigen‘.“
Beschämt versuchten die beiden, sich zu verteidigen, indem sie sagten: „Entweder bist du ein Esel oder ein Fälscher.“
„Ich bin weder ein Esel noch ein Fälscher, sondern genau das, was zwischen beiden möglich ist“, erwiderte Dschuha. Dabei zeigte er auf die beiden Reisenden. Geschlagen verließen sie ihn.

51

Man fragte einen Scheich: „Welchem Getränk würdest du den Vorrang geben?“
„Dem Wein“, urteilte er.
„Woraus schließt du das, da du doch keinen Wein trinkst?“
„Ich sehe, daß derjenige, dem er erlaubt ist, nichts anderes trinkt, während der, dem er verboten ist, stets an ihn denkt.“

52

Dschuha besaß einen wohlgenährten Widder, und Freunde wollten den Scheich dazu überreden, das Vieh zu schlachten und ihnen zuzubereiten. So sagten sie zu ihm: „O Dschuha, morgen ist der Jüngste Tag, und heute weilen wir den letzten Tag in diesem Leben. Laß uns das Schaf schlachten und verzehren.“ Dschuha tat so, als ob er ihnen glaube, schlachtete und bereitete den

Widder zu. Nachdem sie alles zu sich genommen hatten, verrieten sie ihm ihre List.
Nach dem Mittagsmahl entkleideten sich die Freunde und eilten in den Fluß, um der Hitze der Mittagssonne zu entrinnen. Da sammelte Dschuha ihre Kleider zu einem Haufen und setzte sie in Brand.
„Warum hast du das getan?“ riefen sie entsetzt.
„Damit ihr bereitsteht, wenn es soweit ist. Morgen ist doch der Jüngste Tag, ihr braucht daher keine Bekleidung mehr!“

53

Bahlūl kam an einer Gruppe von Menschen vorbei, die sich um einen hochgewachsenen Baum versammelt hatten.
„Bahlūl, besteige diesen Baum, du bekommst zehn Darāhim dafür!“
„Ich wünsche das Geld im voraus.“ Man händigte es ihm aus, und er steckte es in den Ärmel und meinte: „Holt eine Leiter herbei!“
„Das gehört nicht zu unserer Bedingung!“ riefen die Versammelten.
„Aber zu meiner!“ gab Bahlūl zurück.

54

Dschuha war einmal in der Wüste unterwegs, als er drei berittene Räuber in der Ferne auftauchen sah. Aus Furcht, sie würden ihm die Kleidung rauben, eilte er in ein leeres Grab, zog sich aus und legte die Kleidungs-

stücke unter sich. Als die drei Räuber ihn erreichten und entkleidet fanden, fragten sie erstaunt: „Wer bist du?“ „Ich bin einer der Toten dieser Gräber. Ich wollte nur ein wenig frische Luft schnappen!“
Da lachten sie und ließen ihn in Ruhe.

55

Asch'ab stand in freundschaftlichen Beziehungen zu Mus'ab, der 'Ā'ischah mehr als jedes andere Wesen liebte. Eines Tages zürnte sie ihm, und er beklagte sich darüber bei Asch'ab. Asch'ab fragte ihn, welcher Lohn ihm winke, wenn er sie mit ihm versöhne, und Mus'ab ließ ihm die Freiheit, Bedingungen zu stellen. Asch'ab verlangte zehntausend Darāhim, und Mus'ab erklärte sich einverstanden. So suchte Asch'ab 'Ā'ischah auf und sprach zu ihr: „Verehrte Herrin, du weißt, wie sehr ich dich immer bewundert habe, und ich habe selbstlos geliebt, ohne jegliche Erwartung. Nun hast du die Gelegenheit, mir eine Gunst zu erweisen und meiner dauernden Hochschätzung gewiß zu sein.“ Als sie sich erkundigte, worin die Gelegenheit bestände, berichtete er, daß der Emir ihm zehntausend Darāhim versprochen habe, falls er sie mit ihm versöhnen sollte. Sie erwiderte, daß jede Versöhnung ausgeschlossen sei, worauf Asch'ab sie flehentlich bat: „Liebe Herrin, versöhne dich wenigstens zum Schein so lange, bis er mir das Geld aushändigt. Danach kannst du den üblen Charakter, den dir der liebe Gott gegeben hat, erneut beweisen.“ Sie hatte Vergnügen an Asch'abs Bemerkung und söhnte sich mit Mus'ab aus.

56

Dschuha suchte einmal ein Bad auf. Seine Kleidung und sein Aussehen verrieten keineswegs, daß er eine Respektsperson war. So bemühte man sich auch nicht sonderlich um ihn und überreichte dem Scheich ein altes Badetuch. Als er sein Bad beendet hatte, gab Dschuha den Badedienern eine hohe Summe, was sie in Erstaunen versetzte.
Eine Woche danach erschien Dschuha abermals im Bad. Da wurde er gut aufgenommen und willkommen geheißen, ihm wurden auch neue Tücher gereicht, und er wurde fürstlich bedient. Als er sich schließlich anzog und das Bad verlassen wollte, überreichte er den Badedienern eine geringe Summe. Das versetzte sie in Wut. Diese Summe entspräche nicht der Pflege, die ihm geleistet wurde, meinten sie. Da beruhigte der Scheich sie mit den Worten: „Kein Grund zur Verstimmung. Rechnet diesen Betrag als Lohn für das Bad der vorigen Woche und den früheren großzügigen Betrag als Lohn für das heutige Bad!“

57

Dschuha hatte Schulden bei einem Freund einzutreiben. Als er den Freund aufsuchte, redete sich dieser heraus. Auf dem Rückweg ging der Scheich an einer Bäckerei vorbei, und der Wohlgeruch des frisch gebackenen Brotes stieg ihm in die Nase und verstärkte sein Hungergefühl. Langsam schlich er in den Laden, entwendete einen Laib Brot und stürzte hinaus. Fromm und flehentlich hob er die Augen zum Himmel empor und rief: „O Allwissender! Der Hunger hat sich meiner bemächtigt, und mein Freund schuldet mir eine Summe Geldes. Herr, du bist allwissend und allmächtig. So nimm den Preis des Laibes von meinem Freund und gib ihn dem Bäcker." Dann machte er sich gierig ans Brot.

58

Ein Dichter suchte Muhammad ibn Makram auf und sagte zu ihm: „Ich habe einen Vers zu deiner Schmach verfaßt."
„Trage ihn vor. Ist er ausgezeichnet, so erhältst du ein Gewand von mir."
Da zitierte der Dichter:
„Brüste dich weder mit Makram noch mit seinem Ahn:
Der eine ist ein Maulesel, der andere ein Tragtier."
„Bei Gott, du hast wohl gesprochen!" rief der Geschmähte. „So werde ich dir eines *unserer* Gewänder verleihen. Diener! Leg ihm einen Sattel und Satteltaschen an!"

59

Die Ältesten der Stadt beklagten sich beim Kalifen al-Ma'mūn wegen des Statthalters ihrer Ortschaft.
„Ihr tut ihm unrecht", meinte der-Kalif. „Man hat mir berichtet, er sei gerecht und gütig zu euch."
Darauf trat einer der Greise vor. „O Fürst der Gläubigen, wenn es so ist, so höre meinen Vorschlag. Fünf Jahre lang war er gerecht und gütig zu uns. Nun ver-

setze ihn, damit seine Güte und Gerechtigkeit auch anderen zugute komme."
Da lachte der Kalif und befreite die Stadt von dem unerwünschten Emir.

60

Ein Dummkopf vermißte seinen Esel und machte sich auf die Suche nach ihm. Dabei murmelte er unentwegt vor sich hin: „Gott sei Dank!"
Auf die Frage, warum er dies sage, erklärte er: „Ich danke Gott dafür, daß ich nicht gerade auf dem Esel ritt, als er abhanden kam, sonst wäre ja auch ich verlorengegangen!"

61

Dschuha wurde einmal gefragt, ob er mit den Fingern rechnen könne; als er es bejahte, wurde ihm gesagt: „Nimm zwei Maß Weizen." Da bog er den kleinen und den Ringfinger ein. Dann hieß es, er solle zwei Maß Hopfen nehmen. Da bog er den Daumen und den Zeigefinger ein. Man fragte ihn, warum er den Mittelfinger gerade ließe, und er erklärte: „Damit sich der Weizen nicht mit dem Hopfen mischt."

62

Abān ibn 'Uthmān trat bei dem Kalifen Mu'āwijah ein und sagte: „O Fürst der Gläubigen, gib mir deine Tochter zum Weibe!"

„O Sohn meines Bruders“, entgegnete Mu‘āwijah, „ich habe nur zwei Töchter. Die eine ist mit Ibn ‘Āmir und die andere mit deinem Bruder ‘Amr verheiratet.“
„Ich dachte, du hättest eine dritte Tochter“, meinte Abān.
„Das ist doch die Höhe! Du wirbst bei mir um eine Braut und weißt nicht einmal, ob ich eine Tochter zu vergeben habe oder nicht! Gott möge deinem Vater gnädig sein.“

63

Ein Dummkopf stattete einem Leidenden einen Krankenbesuch ab. Als er dann Abschied nehmen wollte, sagte er zu den Verwandten des Kranken: „Herzliches Beileid!“
„Aber er ist doch nicht tot“, sagten sie erstaunt.
„Mit Gottes Hilfe wird er schon sterben.“

64

Zwei Dumme waren auf dem Heimweg, da schlug der eine vor: „Laß uns etwas wünschen.“
„Ich wünschte, ich besäße eine Herde von tausend Schafen“, sagte der eine.
„Und ich wünschte, ich hätte eine Herde von tausend Wölfen“, sagte der andere listig. -
„Warum das?“ wunderte sich der erste Dummkopf.
„Auf daß sie deine Schafe auffräßen.“
Diese Worte lösten einen heftigen Streit zwischen den beiden aus, der zur Schlägerei führte. Zufällig erschien

ein Einfaltspinsel mit seinem Esel an der Ecke. Auf seine Frage nach dem Grund des Aufruhrs wurde ihm der Fall vorgetragen. Als er von den Wünschen der beiden erfuhr, nahm er zwei Krüge voller Honig aus den Satteltaschen des Esels und ließ ihren Inhalt mit den Worten auf die Erde auslaufen: „Möge Gott mein Blut fließen lassen, wie dieser Honig vor euch fließt, wenn ihr nicht zwei Dummköpfe seid!"

65

Vor der Tür von Dschuhas Vater häuften sich Unmengen von Sand und Erde.
„Nun werden die Nachbarn sich beschweren", meinte Dschuha, „und von mir verlangen, sie von diesen Haufen zu befreien. Ich kann aus dem Sand doch keine Lehmsteine formen, und ich weiß mir keinen Rat."
„Wenn du dafür keine Lösung findest, frage ich mich nur, was du überhaupt kannst!" sagte der Vater. Und die Nachbarn kamen und verlangten: „Zeige deine außergewöhnliche Klugheit und sage uns, was wir unternehmen sollen."
„Nichts einfacher als dies", versicherte Dschuha. „Wir graben lange Gruben und stopfen den Sand hinein. Dann stört er niemanden mehr!"

66

Eines Tages trat Ibn al-Dschassās bei dem Wesir Ibn al-Furāt ein. Ibn al-Dschassās hielt eine Melone in der Hand. Er war im Begriff, sie dem Wesir zu überreichen

und dabei zum Fenster hinaus in den Tigris zu spucken. Verwirrt vom Anblick des hohen Hausherrn, spuckte er dem Wesir ins Gesicht und schleuderte die Wassermelone zum Fenster hinaus. Der Wesir war außer sich, und Ibn al-Dschassās wußte nicht, wie er sich entschuldigen sollte. „Bei dem allmächtigen Gott, es war ein Versehen“, stotterte er. „Ich wollte dir ins Gesicht spucken und die Wasserfrucht zum Fenster hinauswerfen.“
„Das hast du auch getan, du Dummkopf!“

67

Dschuhas Tante starb, und man sagte ihm: „Geh auf den Markt und kaufe für sie das Leichentuch.“
„Ich fürchte, dann werde ich die Beerdigung versäumen.“

68

Dem Muʿāwijah ibn Marwān kam ein Falke abhanden, da befahl er: „Schließt die Tore der Stadt, damit der Falke die Stadt nicht verläßt!“

69

Habannaka mußte einmal eine lange Reise unternehmen und fürchtete, er könnte sich verlaufen oder verlieren. Sicherheitshalber hängte er sich eine Kürbisflasche als Kennmal um den Hals. Als er dann in einer Herberge übernachtete, nahm ein anderer ihm vorsichtig die Flasche ab und hängte sie sich selbst um. Am darauffolgenden Morgen entdeckte der Dummkopf sein Kennmal am Hals des fremden Mannes. Da meinte er verblüfft: „Eigenartig! Dieser Mann ist ich. Und wer bin ich?"

70

Einer fiel in den Brunnen, da schrie sein Bruder zu ihm hinab: „Bist du in dem Brunnen?"
„Aber ja! Siehst du mich denn nicht?" kam die Stimme aus der Tiefe.
„Dann rühr dich nicht von der Stelle, bis ich jemanden beschaffe, der dich herausholt!"

71

Dschuha ging an einer Gruppe vorbei, während er Pflaumen in seinem Ärmel trug. Da schlug er vor: „Wer mir sagen kann, was ich im Ärmel trage, erhält die größte Pflaume." Und als sie alle riefen: „Es sind Pflaumen!" sagte Dschuha verblüfft: „Ich möchte bloß wissen, welcher Hurensohn euch das verraten hat."

72

Als Dschuha den Hügel hinabstieg, trat er sich einen Dorn ein. Unter Schmerzen und hinkend erreichte er das Haus und machte sich daran, den Dorn zu entfernen. Als ihm das endlich gelang, rief er erleichtert: „Gott sei Dank."

„Wofür dankst du dem Herrn?" erkundigte sich seine Frau.
„Nun dafür, daß ich meine neuen Pantoffeln nicht anhatte, sonst hätte der Dorn sie durchbohrt."

73

Ein Mann wollte seinen Sohn beschneiden lassen. Als er den Beschneider herbeigeholt hatte, sagte er zu ihm: „Sei bitte sanft mit ihm und tu ihm nicht weh, denn er ist noch nie beschnitten worden."

74

Ein Herr fragte seinen Diener: „An welchem Tag haben wir das Freitagsgebet in Bagdad vollzogen?"
Der Diener nahm sich Zeit, dann stellte er fest: „Am Dienstag, würdiger Herr!"

75

Ein Schlaukopf sah zwei Irre, die sich um einen Laib Brot stritten.
„Da, iß!" rief der eine und schob das Brot dem anderen zu.
„Nein, *du* wirst es verzehren!" beharrte der andere.
Der Schlaukopf dachte, er könne seinen Vorteil dabei finden, und schlug den beiden vor: „Ich werde das Brot essen."
„Wie? Du willst das Brot ohne Belag essen?" war die Antwort.

„Mit Belag lieber, doch wo ist er? Und was ist es?"
„Ein kräftiger Schlag in den Nacken", riefen sie und lachten. Da machte sich der Schlaukopf eilends davon und vernahm noch die Worte: „Solch ein Dummkopf! Hätte *uns* der Belag zugesagt, wäre das Brot schon längst verzehrt!"

76

Ein Dummkopf, begleitet von einem Jungen in rotem Hemd, verließ das Haus. Er trug den Jungen auf der Schulter, dann vergaß er ihn völlig. So fragte er die Passanten: „Habt ihr einen Knaben in rotem Hemd gesehen?" bis schließlich einer erwiderte: „Vielleicht meinst du den da, der auf deiner Schulter hockt?" Der Dummkopf hob das Haupt und versetzte dem Jungen einen kräftigen Hieb mit den Worten: „Listiger Bursche, habe ich dir nicht gesagt, wenn du bei mir bist, sollst du nicht von meiner Seite weichen?"

77

Um Obst einzumachen, ließ sich Dschuha von seinem Nachbarn einen Kessel leihen. Am darauffolgenden Tage gab er den Kessel mit einem kleinen zusätzlichen Topf zurück.
„Was soll das bedeuten, Dschuha?" fragte der Nachbar mißtrauisch.
„Dein Kessel hat bei uns diesen kleinen Topf geboren. Ich möchte ehrlich sein und bringe dir auch das Neugeborene mit."

Bei einer anderen Gelegenheit bat er seinen Nachbarn abermals um den Kessel und gab ihn nicht mehr zurück. Nach einiger Zeit fragte der Nachbar nach seinem Kessel. Dschuha sagte, der Kessel sei gestorben.
„Aber ein Kessel stirbt doch nicht", erklärte der Mann verwirrt.
„Wer gebären kann, kann auch sterben", stellte Dschuha fest.

78

Dschuha wollte einen seiner Diener zu einer weitentfernten Ortschaft schicken, um etwas für ihn zu erledigen. Der Diener kannte aber den Weg nicht gut. „Ich fürchte", meinte er, „ich werde mich verirren."
„Solltest du dich verirren, so eile zu mir zurück, und ich zeige dir den richtigen Weg."

79

In einem Pferderennen siegte eine Stute. Da hüpfte einer der Zuschauer vor Freude wie ein Kreisel und lobte den Allmächtigen.
„Gehört diese Stute dir?" fragte sein Nachbar.
„Nein, aber der Zügel!"

80

Um Dschuhas Tochter wurde für einen jungen Mann aus einem benachbarten Dorf geworben. Zu ihrer Hochzeit wurde das Mädchen von den Frauen ins nächste

Dorf begleitet. Sie hatten schon eine ziemlich lange Strecke zurückgelegt, als Dschuha, in Schweiß gebadet, sie einholte. Er nahm seine Tochter beiseite und flüsterte ihr zu: „Ich habe vergessen, meine Tochter, dir zu sagen, daß du beim Flicken den Faden knoten sollst, sonst gleitet er aus dem Nadelöhr, wenn du an ihm ziehst, und du behältst die nackte Nadel in der Hand.“

81

Einer erbte die Hälfte von seines Vaters Haus. Da überlegte er: Ich verkaufe meinen Anteil am Haus und kaufe mit dem Ertrag die andere Hälfte. Dann gehört mir das ganze Haus.

82

Ein Betrunkener und ein Haschischberauschter stritten sich in einer Vollmondnacht darüber, ob die leuchtende Scheibe am Firmament der Mond oder die Sonne sei. Da sie sich nicht einig werden konnten, beschlossen sie, den ersten Passanten zu fragen, der an ihnen vorbeikäme. Dieser war niemand anders als Dschuha. Als er die Frage vernahm, meinte er: „Bedaure! Ich komme von weit her und kenne mich in den Verhältnissen dieser Stadt nicht aus.“

83

Asch'ab erzählte: „Ich hatte einen Traum, dessen eine Hälfte sich bewahrheitete, während die andere Hälfte unerfüllt blieb.“ Als man ihn bat, den Traum wiederzugeben, erklärte er: „Ich träumte, ich trüge einen schweren Haufen Münzen, so daß ich vor Anstrengung die Hose näßte. Dann wachte ich auf und stellte fest, daß meine Kleider feucht waren. Von dem Geld aber war keine Spur zu sehen."

84

Man sagte zu einem Blödian: „Das Mehl ist teurer geworden."
Darauf der Blödian: „Was macht mir das aus? Ich kaufe das Brot auf dem Markt und backe nicht selbst."

85

An einem Tage des Adha-Festes ging Dschuha auf den Platz, um die Kinder beim Spiel zu beobachten. Da sprang ein Junge auf und entriß ihm den Turban, sehr zur Freude der Kinder, die Ball damit spielten. Als Dschuha seinen Turban nicht zurückerhielt, kehrte er zum Markt mit bloßem Haupte zurück. Da fragte ihn einer seiner Freunde: „Wie kannst du ohne Kopfbedekkung herumgehen, Dschuha? Wo ist dein Turban?"
„Mein Turban hat sich an seine Jugend erinnert. Nun spielt er mit den Kindern auf dem Platz."

86

Nach dem Tode des Kohlrabiverkäufers erstand Dschuha dessen Esel und machte sich daran, Kohlrabi zu verkaufen. Der Esel, der den Weg durch die Stadt kannte, wußte auch, welche Leute dieses Gemüse bei seinem früheren Herrn kauften. So pflegte er vor deren Häusern laut zu schreien und Dschuhas Ruf zu übertönen. Einmal befanden sich Dschuha und der Esel inmitten einer großen Menge, was Geschäft und Gewinn für den Scheich bedeutete. Doch kaum fing er an, seine Ware anzupreisen, als der Esel besonders laut schrie. Wütend legte der Scheich die Zügel auf den Hals des Reittiers und fauchte es an: „Sag mal, verkaufst du das Gemüse oder ich?"

87

Dschuha lud trockenes Gras auf seinen Esel auf. Unterwegs fragte er sich, ob das Gras auch wirklich trocken genug sei. Um sich zu vergewissern, zündete er einige Halme an. Durch den Wind entfacht, setzte das Feuer das übrige Gras in Brand. Als der Esel die Flammen spürte, galoppierte er wie von Sinnen von dannen, und Dschuha konnte ihn nicht einholen. Da rief er, so laut er konnte: „Wenn du genug Verstand besitzt, stürze dich in den Fluß!"

88

Trotz Dschuhas Bemühungen wollte das Holz in dem kleinen Haufen nicht Feuer fangen. Da legte Dschuha sich den Schleier seiner Frau um und blies heftig ins Feuer; und siehe da, die Flammen stiegen tatsächlich auf. Da rief er erstaunt: „Eigenartig, selbst das Feuer fürchtet sich vor meiner Frau!"

89

Ein Scheich bewohnte ein Miethaus, dessen Dachbalken unter ihrem Gewicht vernehmlich knarrten. Als der Hausherr erschien und die Miete verlangte, bat der Scheich ihn, das Dach reparieren zu lassen, da es stark knarre.
„Fürchte dich nicht, das Dach lobt den lieben Gott!"
„Ich fürchte, eines Tages wird es vor Ehrerbietung niederknien", erwiderte der Scheich.

90

'Ā'ischah bint 'Uthmān gab Asch'ab zu einem Stoffhändler in die Lehre. Nach einem Jahr fragte sie Asch'ab, wie weit er in seiner Lehre sei.
„Ich habe die Hälfte bewältigt", erklärte er. „Die andere Hälfte kommt noch." Auf die Frage, was er nun genau gelernt habe, erwiderte Asch'ab: „Ich habe das Ausbreiten der Stoffe erlernt, es bleibt nur noch, das Zusammenfalten zu beherrschen."

91

Ein Esel lief in den Garten Dschuhas, fraß einiges und zerstampfte noch mehr. Vor Wut schäumend, wollte der Scheich ihn schlagen, doch das Tier lief davon. Nach langer Zeit fand Dschuha den Esel bei einem Kurden, der ihn zum Kauf anbot. Da nahm der Scheich eine große Keule und schlug den Esel so heftig er konnte. Auf den Einspruch des Kurden erklärte Dschuha: „Sei

still, der Esel kennt seine Schuld. Vor einem Jahr hat er mir den Garten verwüstet."
„Vielleicht war es ein anderer Esel", meinte der Kurde.
„Und wenn schon, alle Esel sind Brüder."

92

Ein Mann, der in seinem Kaftanärmel dreißig Eier trug, ging an Dschuha vorbei. „O Scheich Dschuha, wenn du erraten kannst, was ich im Ärmel trage, gebe ich dir ein Drittel davon, und du kannst Pfannkuchen daraus machen."
Dschuha überlegte lange, doch vergebens. So bat er: „O Bruder, beschreibe mir näher, was du im Ärmel trägst."
„Es ist weiß von außen und gelb von innen."
Da rief Dschuha: „Ich weiß, ich weiß! Kohlrabi, gefüllt mit Karotten."

93

Dschuha hatte eine lange Strecke zurückgelegt, und sein Esel war ungebärdig vor Durst. Als sie schließlich an einem Fluß vorbeizogen, raste der Esel auf das Wasser zu und hatte den Scheich beinahe schon abgeworfen. In diesem Augenblick stieg Froschgeschrei vom Ufer auf, und der Esel hielt erschrocken an. Das freute Dschuha, denn es rettete ihm, seiner Ansicht nach, das Leben. Er griff in seinen Geldsack, holte eine Handvoll Münzen heraus und warf sie den Fröschen mit den Worten zu: „Das ist eurer guten Tat zum Lohne!"

94

Ein Scheich war gewohnt, bei seinen Reden maßlos zu übertreiben. Nachdem man ihn deswegen häufig getadelt hatte, machte ein Freund ihm den Vorschlag, seine rege Phantasie zu zügeln.
„Wie soll ich das tun?" fragte der Scheich.
„Wenn ich merke, daß du wieder übertreibst, kläre ich meine Kehle mit einem ‚Ahem'."
Eines Tages erzählte der Scheich in einer abendlichen Gesellschaft: „Ich habe in der Stadt eine Moschee errichten lassen, deren Länge tausend Meter zählt ..."
„Ahem!" unterbrach ihn der Freund.
Auf die Frage, wie breit jene Moschee sei, stellte der Scheich fest: „Nur einen Meter."
„Aber warum so eng?" fragten die Zuhörer erstaunt.
„Ich kann es nicht ändern", entschuldigte sich der Scheich. „Gott möge dem die Kehle verengen, der uns so eingeengt hat!"

95

Ein Gläubiger fragte: „Was mache ich mit einem Kieselstein aus der Moschee, den ich in meinen Pantoffeln, meinem Ärmel oder meinem Turban entdecke?"
„Wirf ihn fort!"
„Aber man hat mir gesagt, der Stein würde so lange schreien, bis man ihn in die Moschee zurückträgt."
„Laß ihn schreien, bis ihm der Hals heiser wird."

„Wieso? Hat denn der Stein auch einen Hals?"
„Wie sollte er denn sonst schreien?"

96

Dschuha vermißte seinen Esel, da ging er auf die Suche nach ihm und sang ununterbrochen dabei.
„Singt man, wenn man seinen Esel verloren hat?" tadelten ihn die Freunde.
„Vielleicht befindet er sich hinter diesem Hügel", erklärte Dschuha. „Wenn er dann meine Stimme hört, wird er denken, ich mache mir nichts mehr aus ihm, und wird von selbst zurückkehren."

97

Einmal kaufte Dschuha Fleisch. Unterwegs stürzte sich ein Falke auf den Scheich und riß ihm das Fleisch aus der Hand. Dschuha sah dem Falken nach und sagte: „Du Dummkopf, hast du auch Feuer, daß du es zubereiten kannst?"

98

Ibn al-Dschassās trat einst bei dem Wesir Ibn al-Furāt ein und sagte: „O würdiger Wesir, in meinem Hause befindet sich eine Anzahl von Hunden, die durch ihr lautes Bellen jeden Schlaf unmöglich machen."
„Ich nehme an, es handelt sich um junge Hunde", meinte der Herr.
„Glaub das ja nicht, o Wesir. Jeder ist ein solcher Hund wie du und ich."

99

Als Dschuha auf der Suche nach etwas in einem Kellerraum war, fiel ihm ein Sieb auf den Kopf. Wütend nahm er das Sieb zur Hand und schleuderte es zu Boden. Doch es sprang zurück, genau gegen das Knie des Scheichs. Abermals warf Dschuha das Sieb zu Boden, und abermals prallte es zurück und traf ihn an der Stirn. Da langte Dschuha nach einem großen Messer und rief: „Alle Siebe haben diesen Raum schleunigst zu verlassen!“

100

Dschuha ritt einmal auf seinem Esel und ließ seinen Sohn hinter sich einhergehen. Da sagten die Leute, an denen sie vorbeikamen: „Schaut mal diesen herzlosen Mann an! Er reitet bequem und läßt seinen Sohn laufen.“

Beschämt stieg Dschuha ab und überließ dem Sohn seinen Sitz. Da meinte eine Gruppe von Menschen, die den Aufzug sahen: „Seht diesen unverschämten Bengel an! Er reitet gemütlich und läßt den alten Mann laufen!“

Ohne jedes Wort setzte Dschuha sich hinter seinen Sohn auf den Esel. Darauf wußten andere Leute zu bemerken: „Das ist vielleicht ein hartherziger Mann! Da reitet er mitsamt seinem Sohn und hat kein Mitleid mit dem Esel.“

So stiegen die beiden ab und liefen hinter dem Reittier einher. Das gab wieder anderen Leuten Anlaß zu dem

Ausruf: „Habt ihr so was je gesehen? Da laufen sie bis zur Erschöpfung und besteigen nicht den Esel!"
Darauf drehte sich Dschuha zu seinem Sohn um und bemerkte philosophisch: „Siehst du, mein Sohn! Du kannst nicht alle Leute zufriedenstellen."

101

Eine Wespe stach ein junges Kalb. Da fing das Tier an, wie von Sinnen herumzuhüpfen. Dschuha bemühte sich, es zu fangen. Als ihm das nicht gelang, nahm er einen Stock zur Hand und ließ seine Wut an der Kuh aus.
„Was hat denn die Kuh getan, Dschuha?" erkundigte man sich.
„Sie ist an allem schuld, denn sie hat ihrem Jungen beigebracht, unartig zu sein. Das Kalb ist erst zwei Monate alt. Woher sollte es wissen, was Hüpfen und Stampfen ist?"

102

Im Gang seines Hauses entdeckte Dschuha eine Leiche und warf sie in den Brunnen. Als dies seinem Vater zu Ohren kam, holte er die Leiche heraus, begrub sie, erwürgte ein Schaf und legte es an die Stelle der Leiche. Bald darauf begegnete Dschuha in den Straßen der Stadt den Verwandten des Toten, die ihren Angehörigen überall suchten.
„Bei uns befindet sich ein toter Mann. Seht ihn euch an, vielleicht ist es der von euch gesuchte Verwandte", schlug Dschuha vor und führte sie ins Haus. Dann klet-

terte er in den Brunnen hinab, und als er das Schaf fand, war er zunächst sehr verwundert, rief aber dann hinauf: „Hatte euer Mann auch Hörner?"
Kopfschüttelnd verließen ihn die Besucher.

103

Als dem Habannaka ein Esel abhanden kam, rief er auf dem Markt: „Wer meinen Esel wieder herbeiholt, bekommt zwei Esel von mir zur Belohnung!"
Auf die Frage, wieso er zwei Esel für einen geben wolle, erklärte Habannaka: „Ihr kennt nicht die Freude am Wiedersehen von Verlorengeglaubtem!"

104

Dschuha hatte einen faulen Esel und suchte nach einem Mittel, das Reittier zu ermuntern. Da riet ihm ein Freund: „Willst du, daß der Esel schnell und lebhaft wird, so steck ihm Paprika in den After."
So holte sich Scheich Dschuha feines Paprika und beschmierte damit den After des Esels. Und in der Tat raste das Tier so plötzlich drauflos, daß es den Scheich abwarf. Dschuha bemühte sich, den Esel einzuholen, doch vergebens. Da steckte er sich selbst Paprika in das Hinterteil. Es brannte so sehr, daß er nicht mehr stillstehen konnte. Von Schmerz gepeinigt, erreichte er das Haus gleich hinter dem Esel; doch er fand kein Einhalten; im Innenhof lief er weiter im Kreise herum. Als seine Frau ihn so sah, wunderte sie sich über sein Gerenne und wollte ihn zum Stehen bringen. Sie konnte

ihn aber nicht einholen. Dschuha sah die Verzweiflung auf ihrem Gesicht und rief ihr zu: „Willst du mich einholen, so streue in deinen Ausgang Paprika, wie ich es getan habe."

105

Dschuha hörte jemanden rufen: „Wie herrlich ist der Mond!"
Der Scheich fügte hinzu: „Wahrlich, vor allem bei Nacht!"

106

Ein heftiger Wind zog über die Stadt, da eilten die Menschen in die Moschee und beteten und bekannten ihre Sünden. Aber Muzabbid rief: „O Volk, übereilt euch nicht mit der Reue. Es ist nur ein Sturm und nicht das Ende der Welt!"

107

Einmal weilte Dschuha in einer fremden Ortschaft und litt unter furchtbarem Hunger, hatte aber kein Geld bei sich. So wandelte er über den Markt und blieb bei einem Bäcker stehen, der leckeres frisches Brot aus der heißen Asche holte und vor sich auf ein Brett legte. Da fragte der hungrige Scheich: „Gehört dieses Brot dir?"
„Gewiß", erwiderte der Bäcker.
„Alle diese Laibe gehören dir?"
„Ja, sie gehören alle mir", rief der Bäcker gereizt.

Da fragte Dschuha erstaunt: „Warum stehst du denn da wie ein steinernes Abbild und langst nicht zu?"

108

Man fragte Dschuha einmal, wie alt er sei. „Vierzig Jahre", stellte er fest. Nach zehn Jahren fragte man ihn abermals nach seinem Alter, und er sagte wiederum, er sei vierzig Jahre alt.
„Aber, aber, Scheich Dschuha! Vor zehn Jahren hast du gleichfalls behauptet, du seiest vierzig."
Darauf wußte Dschuha nur eine Erklärung: „Ein Mann, ein Wort", sagte er erhaben.

109

Einem Scheich wurde der Esel gestohlen, da fingen die Nachbarn an, ihn zu tadeln. „Du warst unvorsichtig, du hast die Stalltür offen gelassen", sagte der erste. „Wahrscheinlich ist der Gartenzaun nicht hoch genug, auch das ist unverantwortlich von dir", meinte der zweite. „Du mußt etwas Böses getan haben, Gott hat dich dafür mit diesem Verlust bestraft", erklärte ein dritter. „Du bist dumm, durch deine Achtlosigkeit hast du es dem Dieb ermöglicht, deinen Esel zu entführen", versicherte ein vierter.
Da fauchte der gereizte Scheich: „Die Stalltür *war* geschlossen, der Gartenzaun *ist* hoch genug, ich *bin* vorsichtig, und trotzdem tadelt ihr mich ununterbrochen. Ihr hättet den Dieb tadeln sollen, oder hat er eurer Ansicht nach keine Schuld?"

110

Dschuha trug sich mit Heiratsgedanken. Deshalb veranstalteten seine Verwandten ein festliches Mahl und luden Gäste ein. Die Gäste machten sich über das Essen her und ließen Dschuha keinen einzigen Bissen übrig. Das verstimmte ihn sehr. Erzürnt betrat er ein einsames Zimmer und legte sich nieder. Als die Gäste Abschied genommen hatten, suchte man den verschwundenen Bräutigam, bis man ihn schließlich entdeckte.
„Was machst du hier, Mann? Warum legst du dich nicht zu deiner wartenden Braut?"
„Was geht sie mich an? Wer das Mahl verzehrt hat, soll sich zu ihr legen, nicht ich."

111

Bahlūl trug einen Fuchspelz mit den Haaren nach außen — man trug sie damals nach innen. Als man ihn daraufhin ansprach, sagte er: „Wollt ihr es besser wissen als der Fuchs, sein ursprünglicher Besitzer? Wenn eure Meinung richtig wäre, hätte auch er den Pelz mit den Haaren nach innen getragen."

112

Dschuha stand einmal am Flußufer und überprüfte sein Boot, als zehn Männer zu ihm traten und fragten, ob er sie ans andere Ufer fahren könne. Er einigte sich mit ihnen auf einen Dirham pro Mann als Fahrpreis. Mühsam beförderte er sie einzeln in seinem kleinen Boot durch den Fluß. Während er den letzten von ihnen übersetzte, schlug das Boot um. Dschuha konnte sich retten, doch der Fahrgast ertrank.

„Wie, du läßt unseren Freund ertrinken?“ riefen die anderen bestürzt.

„Kein Grund zum Streit, Freunde“, meinte Dschuha. „Gebt mir neun Darāhim und laßt den zehnten weg, da ich euren zehnten Mann nicht befördert habe. So wären wir quitt.“

113

Die Öllampe ging durch einen plötzlichen Windstoß aus.

„Gib mir das Zündwerk von deiner rechten Seite“, bat Dschuhas Frau.

„Bist du wohl von Sinnen, Frau? Wie sollte ich meine Rechte von meiner Linken in dieser Finsternis unterscheiden können?“

114

Man fragte einmal Abu Nuwās: „Was ist besser, vor oder hinter dem Sarg in einem Leichenzug zu gehen?“ Da antwortete der Witzbold: „Sei nicht selbst in dem Sarg und geh, wo es dir beliebt.“

115

Man schloß eine Wette zwischen Habannaka und einem anderen Irren ab, bei der es darum ging, wer von den

beiden dümmer sei. Da holte sich der Irre leichte Steine aus Gips, während Habannaka Granitsteine und einen Schild auswählte. Der andere Irre sollte beginnen, so nahm er einen Stein zur Hand und rief Habannaka zu: „Dieser ist für den Schild vorgesehen!“ Dann zielte er, warf und traf den Schild Habannakas. Dieser ließ seinen Schutz fallen und lief davon. „Warum flüchtest du?“ fragte man ihn.
„Er hat gesagt, er wolle meinen Schutzschild treffen, und er hat ihn auch nicht verfehlt. Wenn er nun mein Auge als sein zweites Ziel wählt, würde er es nicht gleichfalls treffen?“

116

Ein Dummkopf erzählte: „Mein Vater berichtete mir von meinem Großvater, daß dieser in den Büchern der Weisheit gelesen habe: Wahrlich, der Hungrige gleicht nicht dem Gesättigten, der Bekleidete ist dem Unbekleideten nicht gleich, und der Schlafende ist nicht wie der Wachende.“

117

Es kam Dschuha zu Ohren, daß Haschisch den Verstand betäube. Um die Sache auf ihre Richtigkeit zu untersuchen, besorgte er sich ein wenig von dem Rauschgift, ging ins Bad und nahm es zu sich. Während er badete, erinnerte er sich daran, was die Leute von der Wirkung des Haschischs erzählt hatten. Entweder sei dies purer Unsinn, oder der Verkäufer habe ihn betrogen, überlegte Dschuha. Dann verließ er das Bad, nackt wie er war. Als die Leute ihn entsetzt fragten, wie er sein Verhalten erkläre, erzählte er ihnen von dem Versuch und schloß seine Erläuterungen mit den Worten: „Wahrscheinlich hat der Händler mir ein Kraut verkauft, das nicht betäubt.“

118

Ein Landbesitzer hatte einen Vertreter namens Khalīl. Als dieser einst bei seinem Arbeitgeber eintrat, fragte ihn der Herr: „Wann bist du aus den Ländereien gekommen?“
„Morgen, gnädiger Herr.“
„Dann bist du noch unterwegs“, meinte der Herr.

119

Einer wollte im Fluß baden und fragte Dschuha, der gerade zugegen war: „Wenn ich mich ausziehe und in den Fluß steige, soll ich mein Gesicht dann Mekka zuwenden, oder wohin soll ich blicken?“
Da meinte der Scheich: „Richte dich nach deinen Kleidern, damit sie nicht gestohlen werden!“

120

Dschuha war auf dem Heimweg, als sich ein heftiges Erdbeben ereignete. Da warf sich der Scheich zu Boden und dankte Gott.
„Warum hast du gebetet, Dschuha?“ erkundigte man sich.

„Mein Haus ist ziemlich verfallen. Sicherlich ist es bei dem Erdbeben zusammengebrochen. Was wäre, hätte ich mich in ihm aufgehalten, mit mir geschehen? Ich wäre nun ein Pfannkuchen unter seinen Trümmern!"

121

Ein Sturm brach aus, während Dschuha an Bord eines Schiffes war. Das Schiff geriet ins Schwanken, und die Seeleute kletterten die Masten hinauf, um die Segel festzuschnüren.
„Warum klettert ihr so hoch hinauf", meinte Dschuha, „wenn die Ursache doch unterhalb des Schiffes liegt? Befestigt das Schiff von unten, dann schwankt es nicht mehr."

122

Einem Scheich wurden die Pantoffeln gestohlen. Von da an trug er bis zu seinem Tode keine Schuhe mehr. Als Erklärung dafür gab er stets zur Antwort: „Der Kauf meiner Schuhe hätte vielleicht jemanden verleitet, sie zu stehlen, und so hätte diese Tat ihm den Weg in das Paradies versperren können."

123

Dschuha gab einem seiner Diener einen Krug, den er mit Flußwasser füllen sollte, versetzte dem Diener einen heftigen Schlag ins Gesicht und warnte ihn: „Wehe dir, wenn der Krug zerbricht!"

Einer der Anwesenden fragte erstaunt: „Aber Dschuha! Warum schlägst du ihn, bevor er den Krug zerbrochen hat?"
„Ich wollte ihm nur zeigen, wie schmerzhaft die Strafe ist, damit er besser aufpaßt."

124

Dschuha verbrachte seine Zeit mit Bekannten, als einer berichtete, Fremde seien aus einem sehr heißen, fernen Land gekommen, dessen Bevölkerung wegen der Hitze nackt herumgehe. Da sagte Dschuha verwundert: „Merkwürdig! Wie kann man dann dort die Männer von den Frauen unterscheiden?"

125

Dschuha sah wilde Enten auf einem Teich schwimmen und wollte eine von ihnen fangen. Doch sie flogen davon, sobald er näher kam. Da brach er Brot, tauchte es in das Wasser des Teiches und verzehrte es mit den Worten: „Hast du schon das Fleisch verpaßt, so mach dich wenigstens an die Tunke heran."

Gelehrte Köpfe

126

Kīsān war gewohnt, das Gegenteil von dem zu schreiben, was er hörte — von dem zu sagen, was er schrieb — und von dem zu diktieren, was er las.
Man erzählt, daß Kīsān vor dem Richter auftrat, um eine Zeugenaussage abzulegen. Da versicherte er: „O würdiger Kadi, ich habe mit eigenen Augen (er zeigte auf seine Ohren) gesehen und mit eigenen Ohren (er zeigte auf seine Augen) gehört, wie der Angeklagte den Mann am Hals (er zeigte auf den Ärmel) festgehalten und ihn mehrmals auf die Hüfte (er zeigte auf den Kiefer) geschlagen hat.“
Da lachte der Richter und meinte ironisch: „Ich sehe, du hast das Buch von der Anatomie des Menschen gelesen!“
„Jawohl, zweimal sogar!“

127

Dschuha ging gerade über den Markt, als ihm ein starker Hieb in den Nacken versetzt wurde. Wütend drehte er sich um die eigene Achse. „Was soll das bedeuten?“
„Nicht böse werden, Dschuha, ich habe dich für einen intimen Freund von mir gehalten.“
Doch Dschuha ließ sich mit solchen Worten nicht beruhigen, sondern zerrte den Täter vor den Richter. Der Richter war aber ein Freund des Angeklagten und geneigt, ihm beizustehen. Sein Urteil lautete, Dschuha möge dem Mann einen Hieb versetzen, damit sei die Schuld beglichen. Doch der Scheich weigerte sich, jeman-

den ohne Grund zu schlagen. Deshalb belastete der Richter den Angeklagten mit zehn Darāhim als Geldstrafe und befahl ihm, nach Hause zu eilen und das Geld zu holen, um es dem Scheich auszuhändigen. So gab er dem Angeklagten Gelegenheit, sich aus dem Staube zu machen. Als der Scheich nun sehr lange gewartet hatte, fiel ihm der Trick des Richters auf. Leise näherte er sich dem in Arbeit vertieften Beamten, schlug ihm mit voller Kraft ins Gesicht und sprach: „Verzeiht, ich hab es eilig und kann deshalb nicht länger warten; sollte der Angeklagte das Geld bald hierher tragen, so nehmt es an meiner Stelle als Entschädigung."

128

Man brachte Dschuha vor den Richter, weil er jemandem eine Kopfverletzung zugefügt hatte.
„Hast du Beweise für deine Unschuld?" fragte ihn der Kadi.
„Was helfen Beweise, wenn ich die Tat doch nicht zugebe?"

129

Als Dschuha das Richteramt bekleidete, wurde er von einem laut klagenden Manne aufgesucht, der rief: „O Meister, meine Laute ist gestohlen worden, ich habe sie heute auf dem Markt entdeckt. Bitte, Herr, veranlaßt, daß mir meine Laute zurückgegeben wird!"
Dschuha ließ den Angeklagten herbeiholen und fragte ihn aus.

„Diese Laute gehört mir, Herr Richter", betonte der Angeklagte.
„Hast du Zeugen?"
Der Angeklagte versicherte, daß er zwei zuverlässige Zeugen habe, und Dschuha ließ sie herbeiholen. Sie bezeugten, daß die Laute dem Beklagten gehöre.
Da rief der Ankläger: „Frage sie nach ihrem Beruf, o Herr, sie sind unzuverlässig, und ihr Wort kann nicht bürgen. Der eine ist Weinhändler und der andere ein Zuhälter!"
„Im Falle einer Laute kannst du keine besseren Zeugen als diese beiden finden", meinte Dschuha und sprach die Laute dem Angeklagten zu.

130

Der Kalif al-Ma'mun fragte einen Mann aus Homs nach dem Richter seiner Heimatstadt.
„O Fürst der Gläubigen, unser Richter ist schwer von Begriff, und wenn er etwas versteht, so hat er es sicherlich falsch verstanden!"
„Wehe dir! Wie kannst du so etwas behaupten?"
„Ein Mann schleifte einen Lastträger vor den Richter und sagte, daß der Träger ihm vierundzwanzig Darāhim schulde. Dieser gab auch die Schuld zu, worauf der Richter ihm befahl: ‚Begleiche deine Schulden!'
‚Gerechter Kadi, hab Verständnis für meine Lage', bat der Träger. ‚Ich besitze einen Esel, der mir täglich vier Darāhim einbringt. Einen Darāhim gebe ich für den Esel aus, einen für mich, und die übrigen zwei zahle ich diesem Mann als Rate. Doch habe ich ihn eine Zeitlang

nicht zu Gesicht bekommen. So gab ich auch den Rest meines täglichen Gewinns aus. Ich sehe keine bessere Lösung, als daß du, werter Kadi, den Mann zwölf Tage einsperrst, bis ich für ihn die Summe zusammengespart habe.'
So warf der Richter den Ankläger in den Kerker, bis der Lastträger seine Schuld beglichen hatte."

131

Ein Mann suchte den Richter auf mit den Worten: „O würdiger Kadi, der Teufel erscheint mir immer wieder und behauptet, ich hätte meine Frau verstoßen. Dadurch macht er mich unsicher."
„Hast du sie denn nicht verstoßen?"
„Bestimmt nicht!"
„Bist du nicht gestern bei mir erschienen, um deine Frau zu verstoßen?"
„Ich schwöre bei Gott, dem Allwissenden, daß ich dich heute zum erstenmal aufgesucht und daß ich meine Frau auf keine Weise verstoßen habe!"
„Wunderbar! Schwöre dies dem Teufel, und du bist ihn los!" riet der Richter.

132

Zwei Männer beklagten sich bei Dschuha, als er Richter war.
„Der da hat mich ins Ohr gebissen", sagte der eine.
„Das ist nicht wahr! Er hat in sein eigenes Ohr gebissen", versicherte der andere.

„Wieso?“ sagte Dschuha. „Ist er denn ein Kamel, daß er einen so langen Hals hat und in sein eigenes Ohr beißen kann?“

133

Zwei Männer sprachen bei dem Richter vor. „O hoher Herr, dieser Mann hier hat meinen Hahn geschlachtet“, klagte der eine. „Verhilf du mir zu meinem Recht.“
„Wende dich an den Vorsteher der Wache. Mord und Blutrache fallen in sein Gebiet“, redete sich der Richter heraus.

134

Einer brachte einen Mann vor den Richter und behauptete, der Angeklagte schulde ihm dreißig Dinare.
„Wo sind deine zwei Zeugen?“ fragte der Richter.
„Ich habe nur einen.“
„Dann erhältst du eben nur fünfzehn Dinare von dem Angeklagten, und den Rest, wenn du einen zweiten Zeugen gefunden hast!“ urteilte der Richter.

135

Zwei Männer erschienen vor dem Richter. Der eine klagte: „Mein Esel ist mir abhanden gekommen. Dann fand ich ihn bei diesem Manne wieder.“
„Hast du auch Zeugen?“
„So wahr ich hier stehe!“
„Dann hole sie herbei.“

Da bestieg der Ankläger den Esel des Angeklagten und machte sich davon.
„Warum hast du ihm deinen Esel überlassen? Du hast doch die Behauptung gehört, daß du seinen Esel gestohlen hättest?“ fragte der Richter den Angeklagten.
„Ich habe ihm den Esel ja nur geliehen!“

136

Einem Kadi in Basrah wurde eine Frau vorgeführt.
„Was ist mit ihr?“ fragte er seinen Wachtmann.
„Sie ist Zuhälterin, würdiger Herr.“
„Was macht sie als Zuhälterin?“
„Sie bringt Männer mit Frauen zusammen.“
„Bei Gott, hast du sie mir gebracht, damit sie sich mein Haus merkt? Laß sie sofort laufen! Möge Allah dich und sie verfluchen!“

137

Man fragte Muzabbid: „Kann einem hundertjährigen Manne ein Kind geboren werden, wenn er eine junge Frau heiratet?“
„Gewiß, wenn er einen zwanzig- oder dreißigjährigen Nachbarn hat!“

138

Der Richter der Stadt war ein leidenschaftlicher Trinker. Eines Tages zog er sich in einen Garten zurück und fing an zu trinken. Als er angeheitert war, legte er sein

Gewand und den Turban beiseite. Zufällig war Dschuha unterwegs und entdeckte das prachtvolle Gewand. Ohne Zögern legte er sich den Turban und das Gewand des Richters an und machte sich davon. — Der Richter kam zu sich und vermißte seine Kleidung. Am darauffolgenden Tag beauftragte der hohe Beamte seinen Saaldiener damit, den Dieb zu suchen. Es dauerte nicht lange, da trat der Diener mit Dschuha, der noch immer das Gewand trug, vor den Richter.
„Wo hast du dieses Gewand her?"
„Gestern war ich mit einigen Freunden in den Vorgärten der Stadt, da fand ich einen Betrunkenen in einem miserablen Zustand. Ich nahm sein Gewand und legte es mir an. Das kann ich an Hand von zuverlässigen Zeugen beweisen und dir und den Anwesenden zeigen, wer der Betrunkene war."
Da sagte der Richter:
„Wir wollen diesen Schamlosen nicht kennenlernen. Ziehe das Gewand an, wie und wann es dir beliebt; mit dem Besitzer will ich nichts zu tun haben."

139

Eine Frau erschien vor dem Richter und sagte: „Mein Mann hat mich verstoßen."
„Kannst du das auch bezeugen?"
Sie führte ihren Nachbarn als Zeugen vor.
„Hast du gehört, daß diese Frau verstoßen wurde?"
„O werter Herr, ich ging auf den Markt und kaufte mir Fleisch und Brot und Dattelmus und Senf..."
„Ich habe dich danach nicht gefragt", unterbrach der

Richter den Redefluß. „Hast du gehört, daß diese Frau verstoßen wurde?"

„Dann brachte ich die Sachen nach Hause und ging abermals auf den Markt und kaufte Holz und Essig..."

„Du kannst diese Einzelheiten ruhig auslassen", warf der Richter ein.

„Eine Zeugenaussage muß vollständig sein. Dazu gehören auch die Umstände. Nachdem ich also alles gekauft hatte, kehrte ich in mein Haus zurück. Da vernahm ich aus dem Hause nebenan Schreie und heftige Worte, darunter auch eine dreifache Verstoßung. Doch weiß ich nicht genau, ob sie ihren Mann oder er sie verstoßen hat."

140

Ein Kaufmann betrat eine Herberge und bestellte ein geröstetes Huhn und zwei Eier zum Essen unter der Bedingung, daß man ihm mit der Bezahlung Zeit lasse, bis er von der Reise zurückkehre. Man war mit dieser Abmachung einverstanden, und der Kaufmann verließ die Herberge, ohne seine Rechnung beglichen zu haben. Erst nach drei Monaten gelang es dem Kaufmann, den Heimweg über jene Herberge einzuschlagen. So machte er dort seine Rastpause und nahm die gewohnte Mahlzeit, ein geröstetes Huhn und zwei Eier, zu sich. Nachdem er alles verzehrt hatte, verlangte er nach seiner Rechnung und versäumte nicht, darauf hinzuweisen, daß man die frühere Schuld hinzurechnen möge.

„Die Abrechnung ist ziemlich umfangreich und langwierig", meinte der Wirt. „Doch ich würde mich mit einer Abfindung von zweihundert Darāhim zufrieden geben."

„Himmel!" rief der Kaufmann aus. „Zweihundert Darāhim für zwei Hühner und vier Eier?"

„Wenn die Henne, die du vor drei Monaten verzehrtest, am Leben geblieben wäre und jeden Tag ein Ei gelegt hätte, das wir zum Brüten hätten unterschieben können, so würden wir jetzt soundso viele Hühner und ebenso viele Eier haben und sie für Hunderte von Darāhim verkaufen können."

Der Kaufmann sträubte sich, der Wirt aber bestand auf seiner Aufstellung, und der Fall wurde dem Kadi vorgetragen. Der Richter, ein Freund des Wirts, stellte dem Kaufmann die Frage: „Habt ihr euch vor drei Monaten über den Betrag geeinigt?" Als der Angeklagte dies verneinte, fuhr der Richter fort: „Ist es nicht durchaus möglich, daß jenes Huhn mit den zwei Eiern während der langen Zeitspanne deiner Abwesenheit Hunderte von Eiern und Hühnchen hätte bringen können?"

„Gewiß", bestätigte der Kaufmann, „wenn das Huhn am Leben geblieben wäre. Aber es war geschlachtet und geröstet, und die Eier waren gebraten."

Alle Zeichen deuteten jedoch darauf hin, daß der Richter sein Urteil zugunsten des Wirts aussprechen wollte. So bat der Kaufmann um Vertagung mit dem Vorwand, er habe noch einen trefflichen Einspruch, den er vorbringen wolle. Und der Richter gewährte ihm die gewünschte Vertagung.

Ohne Zeit zu verlieren, eilte der Kaufmann zu Dschuha, erzählte ihm die eigenartige Geschichte und bat den Scheich, seine Verteidigung zu übernehmen. Am Mor-

gen des folgenden Tages erschien der Händler vor dem Richter und verkündete ihm, Scheich Dschuha werde für ihn sprechen.
Lange ließ Dschuha auf sich warten, und dem Richter fiel es schwer, seiner Unruhe Herr zu werden. „Warum hast du dich dermaßen verspätet und uns so lange warten lassen?“ fuhr er Dschuha an, als dieser endlich erschien.
„Hab Geduld, würdiger Kadi“, besänftigte ihn der Scheich und war die Ruhe in Person. „Ich war im Begriff, mein Haus zu verlassen, als mein Teilhaber bei mir anklopfte und nach der Saat fragte, die wir heute auf unserem Feld zu säen gedachten. So mußte ich so lange warten, bis ich zwei Maße Weizen kochen und ihm zum Säen geben konnte.“
Höhnisch dröhnte die Stimme des Richters: „Was ist das für eine unsinnige Entschuldigung! Habt ihr jemals gehört, daß Weizen wachsen kann, nachdem er gekocht wurde?“
Rasch erwiderte Dschuha: „Und hat man jemals gehört, daß gegrillte Hühner und gebratene Eier sich vermehren? Von diesem Manne hier verlangt man aber für sie zweihundert Darāhim!“
Der Richter fühlte sich überrumpelt, und der Kaufmann trug den Sieg davon.

141

Einer suchte den Richter auf mit der Frage: „Ich habe den Kopf in den Schoß meiner Frau gelegt, da sagte sie: Dein Kopf ist schwer! Darauf sagte ich zu ihr:

Verstoßen seist du, sollte mein Kopf schwerer als der deine sein."
„Dann mußt du sie verstoßen", urteilte der Richter.
„Warum denn?"
„Weil die Metzger festgestellt haben, daß der Kopf des Widders schwerer ist als der der Zibbe."

142

Man fragte Dschuha einst: „Was ist nun nützlicher, die Sonne oder der Mond?"
„Die Sonne erscheint bei Tag und erhellt nicht die Dunkelheit der Nacht, während der Mond nachts erscheint und uns den Weg weist und die Sicht ermöglicht. Demnach ist der Mond nützlicher."

143

Eine Frau behauptete vor dem Richter, ihre Morgengabe, die sie von ihrem Mann zu erhalten habe, betrage tausend Darāhim.
„Hast du einen Zeugen?"
„Nein, würdiger Kadi."
„Soll ich deinen Mann unter Eid nehmen?"
„Er ist ein Sünder. Ihm macht es nichts aus, einen Meineid zu schwören. Doch laß unseren Nachbarn herbeiholen. Denn er ist ein ehrwürdiger Gelehrter. Bitte ihn, für mich als Zeuge aufzutreten."
Der Richter ließ den Gelehrten vorführen und sprach zu ihm: „Schwöre bei Gott, daß diese Frau von ihrem Mann tausend Darāhim zu erhalten hat!"

„Was geht mich das an? Und woher soll ich wissen, ob ihre Behauptung stimmt?"
„Was, du willst sie um ihr Recht bringen? Bei Gott, schwöre, oder ich lasse dich einsperren!"
Der Gelehrte weigerte sich zu schwören und wurde in den Kerker abgeführt. Daraufhin trat einer der Anwesenden vor und sagte zu dem Richter: „Ich tadle dich nicht, weil du den Gelehrten einsperren ließest, doch sage mir: Warum hast du das Richteramt angenommen?"
„Der Kalif hat es mir nahegelegt."
„Du hättest ihm sagen sollen, daß du dazu nicht geeignet bist!"
„Wieso? Willst du, daß ich den Kalifen belüge?"

144

Ein Mann betrat einen Friedhof und traf auf eine weinende Frau. „Warum weinst du?" fragte er.
„Um meinen verstorbenen Mann."
„Was war der Selige von Beruf?"
„Totengräber."
Da urteilte der Mann: „Geschieht ihm ganz recht! Du weißt doch: Wer einem andern eine Grube gräbt, fällt selbst hinein. Gott hat dich von ihm befreit."

145

Zwei Brüder stritten sich. Da eilte der eine zu Dschuha und berichtete ihm, was zwischen ihm und seinem Bruder vorgefallen war.

„Du hast recht", urteilte Dschuha, „und dein Bruder befindet sich im Unrecht."
Nachdem der Mann fort war, erschien der andere Bruder und berichtete ebenfalls von dem Vorfall.
„Du hast recht", versicherte Dschuha, „und dein Bruder befindet sich im Unrecht."
Zufrieden verließ der andere Bruder den Richter. Dschuhas Frau, die alles mitgehört hatte, trat aus dem Nebenzimmer und fragte: „Warum sagst du jedem von ihnen, daß er recht habe? Das ist doch widersinnig!"
„Sei nicht erzürnt", sagte Dschuha geschmeidig, „du hast recht, und ich bin im Unrecht."

146

Zwei Männer stritten sich und erschienen bei dem Richter Dschuha. „Dieser Mann hier trug eine schwere Last", erklärte der eine. „Dann fiel ihm die Last zu Boden, und er vermochte nicht, sie allein aufzuladen. Er bat mich, ihm behilflich zu sein, und ich erkundigte mich, was er mir denn dafür zahle. Nichts, hat er gesagt. Ich gab mich damit zufrieden und lud ihm die Last auf. Nun will ich, daß er mir das versprochene Nichts aushändigt."
„Deine Anklage ist berechtigt, mein Sohn", meinte Dschuha. „Komm näher, hebe dieses Buch hoch und nimm, was du darunter findest." Als der Ankläger das Buch aufhob, fragte Dschuha: „Was hast du darunter gefunden?"
„Nichts."
„Dann nimm es und geh deiner Wege."

147

Ein Mann kam zu Dschuha und bat ihn: „O Scheich, bezeuge vor dem Richter, daß ich Herrn Soundso hundert Maß Weizen geliehen habe, und du bekommst zwanzig Dinare von mir dafür."
Dschuha erklärte sich mit der Abmachung einverstanden, nahm das Geld in Empfang und begleitete den Mann vor den Richter. Dort angekommen, behauptete der Ankläger, er habe dem Soundso hundert Maß Weizen geliehen.
„Wo ist dein Zeuge?" fragte der Richter.
„Dschuha bezeugt es."
„Bezeugst du es?" fragte der Richter den Scheich Dschuha.
„O würdiger Kadi, ich bezeuge, daß dieser Herr hier von dem Soundso hundert Maß Gerste zu erhalten hat."
„Er behauptet, es war Weizen, und du sagst, es war Gerste."
„O Herr", erklärte Dschuha, „da die Schuldanklage gelogen und die Zeugenaussage falsch ist, bleibt zwischen Gerste und Weizen wohl kein Unterschied!"

148

Jemand suchte Dschuha auf, als er noch das Amt des Richters bekleidete. „Dein Ochse hat meinen Stier mit einem Stoß erstochen", teilte der Mann Dschuha mit. „Muß ich für irgend etwas aufkommen?"
„Nein, denn Vieh und Wild unterliegen nicht dem Gesetz der Blutrache."

„Verzeih, würdiger Kadi. Mir ist ein Fehler unterlaufen. Es war *mein* Stier, der deinen Ochsen getötet hat."
„Das ist ein anderer Sachverhalt, und die Angelegenheit wird heikel", sagte Dschuha verärgert. „Reich mir das Buch dort von dem Regal, damit ich den Paragraphen nachlesen kann."

149

Ein Mann suchte Dschuha voller Erregung auf: „Meine Frau hatte sich mit der Nachbarin so lange gezankt, bis sie sich förmlich in die Haare gerieten. Bitte, hilf mir, vielleicht könntest du die beiden besänftigen."
„Haben sich denn die beiden wegen des Alters gestritten?"
„Nein, es ging um etwas ganz anderes."
„Wenn es so ist, dann kannst du ganz beruhigt nach Hause zurückkehren. Inzwischen haben sie sich bestimmt versöhnt."

150

Einer fragte den Richter von Basrah nach einem Urteilsspruch.
„Ich kenne mich darin nicht aus", redete sich der Richter heraus.
„Du bist Richter und kennst dich nicht aus?"
„Ja, und? Der Ochse ist größer als der Esel, und dennoch vermag er es nicht, schneller als der Esel zu galoppieren."
„Ist das dein Leitspruch, Richter?"

„Nein, das bezieht sich auf uns beide.“
„Und mit welchem von den beiden Tieren vergleichst du dich?“
„Mit dem edleren und würdigeren!“

151

Ein Hund, der an einem Kadaver genagt hatte, ließ die Reste auf der Straße zwischen zwei Häusern liegen. Die Besitzer jener Häuser stritten sich, wer von ihnen den Kadaver nun beseitigen solle. So suchten sie den Richter auf und legten ihm den Fall dar. Dschuha befand sich gerade bei dem Richter, dem er einen Freundschaftsbesuch abstattete. Der Kadi wollte den Scheich herausfordern und übergab ihm das Urteilsrecht.
„Keiner von euch ist verpflichtet, den Dreck zu beseitigen“, urteilte Dschuha listig. „Das ist Aufgabe des Richters, da die Straße eine öffentliche Einrichtung ist und der Kadaver öffentliches Ärgernis hervorrufen kann.“

152

Dschuha wollte in eine Moschee, um Belehrung zu erteilen, und seine Schüler führten ihm seinen Esel vor. Er bestieg ihn mit dem Rücken zum Kopf des Tieres. Als er von den erstaunten Schülern nach dem Grund gefragt wurde, erklärte er: „Was soll ich anderes tun, meine Söhne? Wenn ihr hinter mir hergeht, hättet ihr meinen

Rücken im Gesicht. Und wenn ihr vor mir geht, habe ich eure Rücken vor meinem Gesicht. Doch so, wie ich jetzt reite, können wir uns gegenseitig das Antlitz zuwenden."

153

Ein Freund suchte Dschuha auf und fragte ihn, ob er seinem Verwandten in Bagdad einen Brief schreiben könne.
„Laß mich aus dem Spiel", entschuldigte sich der Scheich, „ich habe keine Zeit, nach Bagdad zu reiten."
„Aber, Scheich Dschuha", sagte der Freund erstaunt, „du sollst ihm ja nur einen Brief schreiben und ihn nicht gleich besuchen."
„Meine Schrift kann keiner lesen außer mir. Wenn ich also jemandem etwas schreibe, muß ich es ihm auch selbst vorlesen!"

154

Ein Gelehrter bereiste einmal das Land und stellte den Weisen jedes Ortes, an dem er vorbeizog, Fangfragen, die sie nicht beantworten konnten. Als er in Kufa ankam, fragte er, ob es in dieser Stadt einen Gelehrten gebe. Man führte ihn daraufhin zu Dschuha, der auf seinem Esel ritt.
„Wo liegt das Zentrum der Erde?" fragte der Gelehrte
„Hier, wo ich mich gerade mit meinem Esel befinde;

und wenn du daran zweifelst, so miß die Erde mit einem langen Faden, und du wirst sehen, daß ich die Wahrheit spreche."
„Und wie viele Sterne gibt es in der Kuppel des Himmels?"
„So viele, wie mein Esel Haare im Schwanz hat, und wenn du es nicht glaubst, zähle die Sterne und die Haare und überzeuge dich selbst."
„Eine letzte Frage: Aus wie vielen Haaren besteht mein Bart?"
„Aus ebenso vielen, wie mein Esel in der Mähne hat. Zupfe deinen Bart und die Mähne des Esels Haar für Haar aus, und du wirst feststellen, daß ich recht habe."
Da gab sich der Gelehrte geschlagen.

155

Asch'ab erwähnte einen Mann in Medina, der einen häßlichen Namen hatte. Da fragte man ihn: „Asch'ab, kennst du diesen Soundso?"
„Sein Name gehört nicht zu denen", meinte Asch'ab, „die Adam zur Auswahl vorgeschlagen wurden."

156

Dschuha fühlte sich dazu berufen, als Imam und wandernder Weiser den Menschen zu helfen. So legte er ein schwarzes Gewand an und wanderte von Dorf zu Dorf. Jedesmal wurde er von der Bevölkerung des jeweiligen Ortes mit der entmutigenden Erklärung begrüßt: „Wir haben bereits einen Imam empfangen!"

Schließlich erreichte er ein Dorf, das ein Fuchs heimgesucht hatte. Die Bauern hatten ihn aber soeben in einer Falle gefangen. Nun berieten sie, was sie mit dem wilden Tier anfangen sollten. Dschuha erkundigte sich nach dem Grund der Versammlung und erfuhr die Geschichte. Man solle ihm den Fall überlassen, schlug er vor. Die Bauern kamen zu dem Schluß, der Fremde müsse weiser und erfahrener sein als sie selbst, da er Gewand und Turban trug. Hastig zog Dschuha sein Obergewand aus, legte es dem Fuchs um und befestigte es um dessen Bauch mit seinem Gürtel; dann ließ er den Fuchs frei.

„Was habt Ihr da getan, Scheich?“ riefen die Bauern erstaunt und versuchten, den davonfliehenden Fuchs zu fassen.

„Laßt ihn nur laufen“, sagte Dschuha weise. „In dieser Kleidung wird er nicht einmal trockenes Brot erhalten. Niemand wird ihn beherbergen oder Mitleid mit ihm haben.“

157

Dschuha ruhte sich einmal unter einem Walnußbaum aus und betrachtete das kriechende Kürbisgewächs mit seinem zarten Blattwerk und den gewaltigen, flaschenähnlichen Früchten. Dann hob er den Blick zum Nußbaum empor und betrachtete die kräftigen Zweige und die winzigen Früchte.

„Eigenartig“, sagte er sich, „wäre es nicht sinnvoller, die Kürbisfrüchte wüchsen auf dem Nußbaum und die Nüsse an den Kürbisranken?“

Wenig später geschah es, daß ein Vogel an einer Nuß pickte und diese Dschuha genau auf den Kopf fiel. Hastig fügte er hinzu: „O Gott, ich bereue meine Worte zutiefst. Deine Weisheit bleibt dem Verstand des Menschen verschlossen. Wüchsen die Kürbisse auf dem Baum, wäre mein Kopf jetzt zerschmettert worden."

158

Ein Gelehrter wies seinen Diener an: „Bring mir Käse herein, denn er verleiht der Speise einen guten Geschmack und regt den Magen an. Er ist das Gewürz der Araber."

„Wir haben aber keinen Käse, Herr!"

„Auch gut, denn er fördert den Zahnstein und erzeugt Trockenheit im Gedärm."

159

Ein Gelehrter gab einem Lastträger einen Korb voller Flaschen, den er ihm ins Haus tragen sollte. Als Lohn wollte der Gelehrte dem Träger drei Weisheiten anvertrauen, die ihm bei seinem Gewerbe angeblich von Nutzen sein würden. Kaum hatten sie ein Drittel des Weges zurückgelegt, als der Träger innehielt und die erste Weisheit verlangte.

„Wenn einer dir sagt, Hungern sei besser als Sattsein, so glaube ihm nicht!" sagte der Gelehrte.

Der Lastträger nahm das zur Kenntnis; nach dem zweiten Drittel des Weges blieb er abermals stehen und verlangte die zweite Lohnauszahlung.

„Wenn einer dir sagt, Laufen sei besser als Reiten, so glaube ihm nicht!“ philosophierte der Gelehrte.
Vor der Haustür angelangt, fragte der Lastträger: „Und wo bleibt der Weisheit letzter Schluß?“
„Wenn einer dir sagt, er habe einen billigeren Lastträger als dich gefunden, so glaube ihm nicht!“ sagte der Gelehrte großzügig.
Da hob der Lastträger den Korb hoch, ließ ihn fallen und rief: „Und wenn einer dir sagt, in diesem Korb befände sich auch nur eine einzige heile Flasche, so glaube ihm nicht!“

160

Ein Gelehrter fragte Kīsān nach dem Namen eines Dichters.
„Er heißt Khaddasch oder Kharrasch oder Raijasch oder Khammasch oder so ähnlich. Ich glaube, er gehört dem Stamm der Korajschiden an“, lautete die Antwort.
„Woraus schließt du, daß er aus Korajsch ist?“ wollte der Gelehrte wissen.
„Merkst du nicht, daß in allen seinen möglichen Namen jedenfalls ein Sch vorkommt?“

161

Eines Tages sagte Dschuhas Frau zu ihm: „Unser Kind weint in einem fort und hört nicht auf. Hast du nicht einen Talisman, damit es einschläft?“
„Nimm dieses große Buch hier und blättere es vor ihm durch“, riet er ihr.

„Bist du zum Scherzen aufgelegt?“ herrschte sie ihn wütend an. „Was ist das für ein Buch?“
„Nicht so laut, Frau! Das ist das Buch des Religionsrechtes, aus dem ich in der Moschee vorlese. Viele schlafen dabei ein, einige schnarchen sogar. Wenn es auf erwachsene Menschen solch eine Wirkung übt, wie sollte es da nicht unser kleines Kind einschläfern?“

162

Einst bestieg Dschuha die Kanzel, um die Freitagspredigt zu halten. Eine große Menge von Gläubigen war um ihn versammelt. Er bemühte sich, etwas zu sagen, doch die Stimme blieb ihm stecken, und er brachte kein einziges Wort hervor. Schließlich gelang es ihm, der Menge zuzurufen: „O Volk, ihr wißt, daß ich ansonsten der schönen Rede kundig bin. Ich hatte den Vorsatz, euch manches zu predigen, doch als ich die Kanzel bestieg, entfielen mir die Worte.“
Da rief einer von den Versammelten: „Wenn dir schon deine Rede entfallen ist, fällt dir dann nicht wenigstens ein, von der Kanzel herunterzukommen?“

163

Ein Gelehrter suchte al-A‘masch auf, um ihm einige theologische Fragen zu stellen.
„Was hast du mitgebracht?“ fragte al-A‘masch.
„Pflaumen“, erklärte der Mann.
„Gib mir eine Pflaume, und ich beantworte dir eine Frage.“

Der Gelehrte gab ihm für jede Antwort eine Pflaume, bis er keine Pflaumen mehr hatte. „Die Pflaumen sind alle“, sagte er.
„Auch die Antworten sind alle“, sagte al-A‘masch.

164

Zwei Dichter suchten einen Gelehrten auf mit den Worten: „Höre unsere Verse an und urteile selbst, welche die besseren sind.“ Der erste trug seine Verse vor, worauf der Gelehrte schnell sagte: „Die Verse des anderen sind besser.“
„Aber du hast sie ja noch gar nicht gehört!“
„Sie können nicht schlechter als die deinen sein!“

165

Dschuha bestieg die Kanzel in einer fremden Stadt, um den Gläubigen zu predigen. „O Volk“, begann er, „wisse, daß die Luft eurer Stadt der Luft unserer Stadt gleicht.“
„Woraus schließt du das, Dschuha?“
„Die Sterne, die ich von der Himmelskuppel unserer Stadt kenne, fand ich auch am Himmel eurer Stadt. Daher weiß ich, daß wir dieselbe Luft atmen.“

166

„Warum verstreuen sich die Menschen in alle Richtungen und bewegen sich nicht in einer Richtung?“ fragte man den weisen Scheich Dschuha.

„Ein großes Geheimnis liegt dem zugrunde. Wenn die Menschen alle in dieselbe Richtung marschieren würden, so würde die Erde das Gleichgewicht verlieren und umkippen."

167

Ein Gelehrter traf in der Stadt ein und fragte die Bevölkerung: „Wer ist euer größter Gelehrter?"
„Dschuha", meinten die Leute und führten ihn zum Scheich. Nachdem der Gelehrte sich Scheich Dschuha gegenübergesetzt hatte, fragte er: „Ich habe vierzig Fragen an dich. Kannst du sie alle mit einer einzigen Antwort lösen?"
„Gewiß, beginne!"
Der Gelehrte stellte seine Fragen. Darauf entgegnete Dschuha: „Willst du eine einzige Antwort darauf?"
„Jawohl."
„Das ist ganz einfach. Ich kann sie sämtlich nicht beantworten!"

168

In Antiochia befand sich ein Statthalter aus Aleppo, dem ein dummer Kanzler zur Seite stand. Während des Kampfes gegen die Byzantiner versanken zwei Schiffe, die, mit Kriegern beladen, aus Antiochia ausgelaufen waren. Da schrieb der Kanzler im Namen seines Herrn an den Fürsten von Aleppo das Folgende:
Im Namen Allahs, des Allbarmherzigen. So wisse, o würdiger Emir — möge Allah dich gebührend schät-

zen —, daß zwei Wassertragmittel, d. h. Schiffe, durch hohe Wogen und schlechte Wetterverhältnisse vom Meeresspiegel verschwunden, d. h. versunken sind. Ihre Insassen sind alle ums Leben gekommen, d. h. ertrunken.
Darauf antwortete der hohe Herr von Aleppo dem Statthalter:
Im Namen Allahs, des Barmherzigen, des Erbarmers. Dein Schreiben ist eingetroffen, d. h. angekommen, und wir haben es verstanden, d. h. gelesen. Erziehe Deinen Kanzler, d. h. ohrfeige ihn, und ersetze ihn, d. h. entlasse ihn, denn er ist beschränkt, d. h. dumm. Und zum Schluß sei gegrüßt, d. h. das Schreiben ist abgeschlossen.

169

Der neuernannte Statthalter von Khurasan bestieg die Kanzel und predigte: „Wahrlich, der Allmächtige hat Himmel und Erde in sechs Monaten erschaffen."
„In sechs Tagen", verbesserten ihn die Zuhörer.
„Bei Gott, ich wollte ‚in sechs Tagen' sagen. Doch solch eine Frist erschien mir als gar zu kurz."

170

Einmal bestieg Dschuha die Kanzel und rief: „O Volk, wißt ihr, was ich euch sagen werde?" Als die Anwesenden dies verneinten, erklärte Dschuha: „Da ihr es nicht wißt, hat es wohl wenig Sinn, Unwissenden zu predigen."
Als er das zweite Mal, eine Woche später, die Kanzel bestieg, wiederholte er seine Frage. Da riefen alle: „Ja!"

Darauf gab der Scheich zurück: „Da ihr es alle schon wißt, hat es wohl wenig Zweck, es abermals zu wiederholen."
Die Moscheegänger einigten sich am dritten Freitag, ja und nein zu rufen, um zu erfahren, was der Scheich nun für eine Ausrede vortragen würde.
„O Volk", rief der Iman Dschuha von der Kanzel, „wißt ihr, was ich euch sagen werde?"
„Ja", riefen einige.
„Nein", riefen andere.
„Mögen dann die Wissenden die Unwissenden belehren", urteilte der Scheich und stieg von der Kanzel.

171

Man fragte Dschuha einst, womit man ein krankes Auge verarzten könne.
„Gestern tat mir ein Zahn weh", erklärte der Scheich. „Ich fand keine bessere Lösung, den Schmerz loszuwerden, als den Zahn auszureißen."

172

Ein Philologe erkrankte, und der Arzt besuchte ihn und fragte: „Was fehlt dir?"
Der Philologe zeigte sein ganzes Wissen, indem er erklärte: „Ich habe von dem Fleisch einiger Tauben gegessen, und plötzlich ergriff mich ein Schmerz von der Bandscheibe bis zum Genickwirbel. Der Schmerz nahm unaufhaltsam zu, bis er das Zwerchfell und die Ansätze der Rippen um den Brustkorb ergriff. Was verschreibst du mir für ein Heilmittel?"

Da sagte der Arzt: „Nimm ein wenig Kharfak und Scharfak, spalte es der Länge nach und ätze es, dann wasche und trinke es."
„Ich habe nichts davon verstanden!"
„Du hast mir eine Krankheit beschrieben, die ich nicht kenne, und ich habe dir ein Heilmittel verschrieben, das du nicht kennst!"

173

Einst wurde Dschuha von seiner Stadt als Abgesandter zu den Kurden geschickt. Die Würdenträger und Älteren des Stammes hießen ihn mit allen Ehren in einer öffentlichen Versammlung willkommen. Doch als Dschuha sich setzte, ließ er Winde los.
„Was soll das heißen, Dschuha?" fragte sein Dolmetscher vorwurfsvoll.
„Keine Bange, das war auf Arabisch. Du brauchst es ihnen nicht zu übersetzen."

174

Der neue Imam in Basrah bestieg die Kanzel vor dem Freitagsgebet, doch er hatte Lampenfieber und war unfähig, ein Wort vorzubringen. Da sagte man zu ihm: „Wenn du nicht reden kannst, so laß einen anderen für dich sprechen!"
Der Imam stieg von der Kanzel herunter, suchte einen der Gläubigen aus und führte ihn zur Kanzel. Dem erging es nicht besser, worauf er zum Volke sprach: „Ich weiß nicht, was ich euch predigen soll, doch ich

bezeuge vor euch, daß meine Frau verstoßen wird, weil sie mich dazu gezwungen hat, am Freitagsgebet teilzunehmen!“

175

Die Verwandten eines Mannes, der in Ohnmacht gefallen war, hielten ihn für tot. So wuschen sie ihn, wickelten ihn in ein Leichentuch, legten ihn in den Sarg und trugen ihn zur letzten Ruhestätte. Unterwegs erwachte der Ohnmächtige und setzte sich auf. Als er begriff, wohin er getragen wurde, schrie er, so laut er konnte: „Ich bin noch am Leben! Ich bin noch am Leben! Dschuha, rette mich!“ Da antwortete Dschuha, der dem Toten den letzten Segen erteilen sollte: „Soll ich *dir* glauben und all diese Trauergäste für Lügner halten?“

176

Ein Mann bat einen Scheich um die Erläuterung eines Koranverses. Worauf der Scheich versicherte: „Du hast den richtigen Mann um Rat gefragt. Ich meinerseits habe nämlich meinen Vater nach der Bedeutung dieses Verses gefragt, und er teilte mir mit, daß er seinerseits sich bei meinem Großvater danach erkundigt hätte. Mein Großvater habe ihm geantwortet, daß er seinerseits die Bedeutung auch nicht kenne.“

Falsche Propheten und Wüstensöhne

177

In Basrah trat ein falscher Prophet auf. Man führte ihn in Ketten zum Statthalter.
„Bist du ein gesandter Prophet?“ fragte der Emir.
„Ich war es. Jetzt bin ich ein gefesselter.“
„Wehe dir! Wer hat dich gesandt?“
„Redet man so mit Propheten? Bei Gott, wäre ich nicht in Ketten, hätte ich Gabriel befohlen, euch alle zu vernichten!“
„Wieso? Werden die Gebete von Gefesselten nicht erhört?“
„Nein, vor allem die der gefesselten Propheten nicht. Denn wenn sie in Ketten liegen, erreichen ihre Gebete den Himmel nicht.“
Da lachte der hohe Herr und meinte: „Gut, ich lasse dich frei. Dann sollst du Gabriel befehlen, uns — wie du sagtest — alle zu vernichten. Erhört er dich, werden wir dir glauben und folgen.“

178

Ein Beduine kaufte einen Laufjungen. Da sagte man ihm, der Junge nässe noch seine Schlafmatte. Darauf erwiderte der Beduine: „Er soll erst einmal eine Schlafmatte finden!“

179

Man sagte zu einem falschen Propheten: „Hol uns eine Wassermelone aus der Erde!“

„Gebt mir drei Tage Zeit."
„Wir wollen sie aber sofort haben!"
„Hört euch das an! Gott bringt eine Melone in drei Monaten aus der Erde hervor. Könnt ihr nicht drei Tage warten?"

180

Man fragte einen Beduinen: „Wieviel ißt du täglich?"
„Auf meine oder auf Kosten anderer?"
„Auf deine Kosten."
„Einen Laib Brot."
„Und wieviel bei einer Einladung?"
„Backt und bringt alles her! Dann werden wir sehen."

181

Man fragte einen Beduinen: „Wünschst du dir nicht, zu heiraten?"
„Wenn ich mich selbst verstoßen könnte, hätte ich es getan. Und ihr wollt, daß ich zu mir noch jemanden zulege?"

182

In Bagdad wurde ein Mann, der behauptete, ein religiöser Prophet zu sein, dem Wali vorgeführt. Der Statthalter fragte den Heuchler: „Zu wem bist du gesandt?"
„Was geht dich das an? Zum Teufel!"
Da lachte der Wali und befahl: „Laßt ihn zum Teufel gehen!"

183

Ein Beduine nahm an der Tafel des Haddschādsch teil. Anschließend reichte man Süßigkeiten. Al-Haddschādsch wartete, bis der Beduine ein Stück gekostet hatte, dann rief er: „Wer von diesem Naschwerk ißt, wird enthauptet."
Der Beduine betrachtete abwechselnd al-Haddschādsch und die Süßigkeit. Dann sagte er: „O Emir, ich hinterlasse dir meine Kinder", und stürzte sich auf das Naschwerk.

184

Ein Mann, der behauptete, ein Prophet zu sein, wurde dem Kalifen al-Mahdi vorgeführt. Da fragte ihn der Kalif: „Bist du ein Prophet?"
„Gewiß, würdiger Fürst der Gläubigen."
„Zu welchem Volk bist du denn gesandt worden?"
„Habt Ihr mir denn dazu Zeit gelassen? Kaum hatte ich die Botschaft Gottes empfangen, wurde ich von Euch schon in Ketten gelegt!"
Der Mahdi lachte und ließ ihn frei.

185

Dschuha durchquerte einmal die Wüste und verspürte unsagbaren Durst. Da traf er einen Beduinen, der Wasser in einer Lederflasche bei sich hatte. -
„Verkauf mir das Wasser", flehte Dschuha.
„Nicht unter fünf Darāhim."
Dschuha hatte keine andere Wahl; so zahlte er die Summe und bekam die Lederflasche. Dschuha hatte aber

fette Speise bei sich. Die bot er dem Beduinen an, der sie dankbar nahm. Nach einigen Bissen wurde der Wüstensohn durstig und flehte Dschuha an, er möge ihm einen Schluck Wasser geben.
„Nicht unter fünf Darāhim!“ sagte Dschuha.
So war der Beduine gezwungen, für einen einzigen Schluck die fünf Darāhim zu zahlen, und Dschuha erhielt nicht nur sein Geld zurück, sondern behielt auch die Wasserflasche mit dem Rest des Inhalts.

186

Während der Kalifatzeit des Mahdi tauchte ein Mann in Bagdad auf, der sich für einen gesandten Propheten hielt. Als er zum Kalifen gebracht wurde, fragte dieser ihn: „Was bist du?“
„Ein Prophet.“
„Und zu wem bist du gesandt?“
„Du bist aber sehr neugierig! Was geht das dich an?“
„Antworte, sonst wirst du enthauptet!“
„Ich bin zu den Leuten von Khurasan gesandt worden.“
„Und warum bist du nicht zu ihnen gereist?“
„Weil ich die Reisekosten nicht bestreiten kann!“
Da lachte al-Mahdi und schenkte ihm eine Summe in Höhe der Kosten.

187

Dem Kalifen al-Muʿtasim wurde ein religiöser Heuchler vorgeführt. Da fragte er ihn: „Du nennst dich einen Gesandten Gottes?“

„Das ist wahr."
„Und was ist dein Zeichen?"
„Das Zeichen des Moses."
„Dann wirf deinen Stock zur Erde und laß ihn zur Schlange werden!"
„Ich komme deinem Befehl nach, wenn du behauptest, du seiest unser aller höchster Gott, wie es der Pharao getan hat!"

188

Ein Beduine speiste mit Muzabbid zu Mittag. Um ihn von der Mahlzeit abzulenken, fragte ihn Muzabbid: „Wie ist dein Vater gestorben?"
Der Beduine erzählte und erzählte, während Muzabbid eifrig aß. Als diese List dem Beduinen klar wurde, unterbrach er seinen Redefluß und fragte Muzabbid: „Wie ist *dein* Vater gestorben?"
„Plötzlich", gab Muzabbid mit vollem Munde zur Antwort.

189

Ein Beduine wanderte hungrig durch die Steppe, als er auf einen anderen Beduinen stieß, der Speise und Trank bei sich trug. Der Hungrige hoffte, er würde zum Essen eingeladen, doch der andere fragte: „Wo kommst du her, o Vetter?"
„Aus Thanijah."
„Hast du uns eine Nachricht von dort zu überbringen?"
„Frage, was dir einfällt!"

„Was weißt du über mein Viertel?"
„Alles Gute."
„Weißt du etwas über meinen Hund Naffā'?"
„Er ist der Wächter für das ganze Viertel. Niemand wagt, sich zu nähern, aus Angst vor seiner Kraft und seinem Mut."
„Wie geht es denn meiner Frau Um 'Uthmān?"
„Alle Achtung! Wer wäre denn besser als Um 'Uthmān? Sie geht über jede Schwelle, stolz und erhaben wie ein Pfau."
„Und mein Sohn 'Uthmān?"
„Bei deinem Vater, er ist wahrlich der Sohn eines Löwen. Er spielt schon Ball mit den Gleichaltrigen."
„Wie hast du unser Kamel vorgefunden?"
„Sein Höcker platzt vor guter Ernährung."
„Und wie ist es um unser Haus bestellt?"
„Bei deinem Vater, es wird gelobt wegen seiner Freigebigkeit und Gastfreundschaft."

Erfreut über die guten Nachrichten, setzte der Mann sich zum Essen, ohne den hungrigen Boten einzuladen. Ein Hund näherte sich, und der Essende herrschte ihn an und wandte sich dem Fremdling zu mit den Worten: „O Vetter, was ist dieser Hund im Vergleich zu Naffā'?"
„Armer Naffā'! Er ist verreckt, und den Einbrechern ist kein Einhalt mehr zu gebieten."
„Woran ist er denn verreckt?"
„Er fraß etwas von dem Fleische deines Kamels und erstickte daran."
„Mein Gott, ist denn das Kamel tot? Woran ist es gestorben?"

„Es stolperte über Um ʿUthmāns Grab und brach sich das Bein."
„Wehe deiner Mutter! So wäre ʿUthmāns Mutter gestorben?"
„Ja, bei Allah. Sie entschlief, weil die Trauer über ʿUthmān sie dahinraffte."
„Wehe dir! Ist denn mein Sohn nicht mehr?"
„Ja, so wahr Allah lebt, das Haus ist über ihm eingestürzt."
„Das Haus ist eingestürzt?"
„Ja, man hat sogar alles fortgetragen, was geblieben ist, selbst das Holz und die Lehmsteine."
Da stieß der Mann das Essen von sich und raufte seinen Vollbart, indem er jammerte: „Wohin soll ich denn nun?"
„In die Hölle!" entgegnete der andere Beduine und stürzte über das Essen her. Er genoß es und fand auch Genuß an den Worten: „Wahrlich, der Herr demütigt die Geizhälse."

190

Einer behauptete einstens, er sei ein Mann Gottes.
„Männer Gottes haben stets ein himmlisches Zeichen", meinten die Anwesenden. „Welches ist das deine?"
„Ich kann einem Baum befehlen, zu mir zu kommen, und er gehorcht."
„Dann befiehl der Palme dort, zu dir zu eilen."
Da herrschte der Mann die Palme an: „Komm her, o Palme!" Doch sie rührte sich nicht vom Fleck. So wiederholte er seinen Befehl ein zweites und ein drittes

Mal. Als der Befehl noch immer unbefolgt blieb, erhob sich der Mann und ging auf die Palme zu.
„Wohin des Weges?" fragten die Anwesenden erstaunt.
„Propheten und Männer Gottes sind bescheiden und nicht überheblich", erklärte der Mann. „Kommt die Palme nicht zu mir, so gehe ich zu ihr!"

191

Man führte einem Feldherrn dreihundert Gefangene vor. Dieser befahl, man solle einem jeden den Kopf abschlagen. Ein Beduine unter den Gefangenen trat vor und sagte: „O Feldherr, du wirst doch deine Gefangenen nicht töten lassen, wenn sie durstig sind!"
Der Feldherr ließ ihnen Wasser kommen. Nachdem sie alle getrunken hatten, bemerkte der Beduine: „Wir haben von deinem Wasser getrunken. Nun sind wir deine Gäste. Du wirst doch deine Gäste nicht enthaupten lassen!" Darauf blieb dem Feldherrn nichts anderes übrig, als sie alle freizulassen.

192

Ein Richter saß al-Mahdi zur Rechten, als der Kalif einen angeblichen Propheten verhörte. Al-Mahdi fragte den Richter: „Was hältst du von diesem Propheten?" Worauf der „Prophet" einwarf: „Warum fragst du andere nach ihrer Meinung und nicht mich?"
„Also gut, teile uns deine Meinung mit!"
„Ich urteile nach den Richtlinien der Propheten, die vor mir gesandt wurden. Ist dir das recht?" Als al-Mahdi

sich einverstanden erklärte, fragte der „Prophet“: „Bin ich in deinen Augen ein Gläubiger oder ein Gottloser?“
„Ein Gottloser“, urteilte der Kalif.
„Im Koran steht geschrieben: ‚Folge nicht den Gottlosen und Heuchlern und füge ihnen keinen Schaden zu!‘ Demnach darfst du mir keinen Schaden zufügen. So laß mich zu den Armen und Schwachen gehen, denn sie sind das Gefolge der Propheten, während die Herrscher und die Reichen dem höllischen Feuer zum Brennstoff dienen.“
Da lachte der Mahdi und ließ den Mann frei.

193

Ein Beduine nahm an der Tafel des Kalifen Hischām teil. Während er aß, blieb ein Haar an einem Happen hängen, den er zum Munde führte.
„Du hast ein Haar an deinem Bissen, Beduine“, warnte Hischām.
„Und du beobachtest mich so genau, daß du sogar solch ein Haar entdeckst! Bei Gott, nie wieder werde ich an deiner Tafel teilnehmen!“ sprach der Wüstensohn und verließ das Mahl.

194

Ein Raubritter war unterwegs, als er einen Hengst erblickte, der an eine Dattelpalme angebunden war. Daneben steckte eine Lanze in der Erde. Bald danach entdeckte der Raubritter auch den Besitzer des Tieres: einen Beduinen, der gerade in einer Bodenvertiefung etwas erledigte. Der Ritter bereitete sich zum Angriff vor und rief dem Beduinen zu: „Nimm dich in acht! Ich werde dich angreifen."

„Das wäre nicht edel", meinte der Wüstensohn. „Gib mir dein Wort, daß du mich erst angreifst, nachdem ich mein Pferd bestiegen und mich bewaffnet habe."

Der Ritter gab ihm das gewünschte Versprechen. Da ging der Beduine auf sein Pferd zu und setzte sich in den Schatten der Palme.

„Was soll das?" herrschte ihn der Ritter an.

„Ich werde weder reiten noch mich bewaffnen. Du wirst dein Versprechen doch nicht brechen und einen Wehrlosen angreifen!"

Überlistet zog der Raubritter von dannen.

195

Ein Beduine fand einen Spiegel im Müllhaufen. Als er sich in dem Spiegel betrachtete, fiel ihm auf, wie häßlich er war. So warf er den Spiegel wieder weg mit den Worten: „Kein Wunder, daß man dich weggeworfen hat!"

196

Ein Beduine trat bei ʿAbdullah ibn az-Zubajr, dem geizigen Emir von Medina, ein und sprach: „Beschenke mich, und ich ziehe für dich in den Kampf gegen die Syrer."

„Zieh erst in den Kampf. Kommst du zurück, werde ich dich gebührend belohnen."

Darauf meinte der Wüstensohn: „Ich sehe, du nimmst meine Seele in bar und gibst mir das Geld auf Schuldschein!"

197

Ein Statthalter fragte einen Beduinen: „Wer hat dich in der Wiege gestillt?"
„Niemand, außer meiner Mutter."
„Das habe ich geahnt, denn niemand hätte soviel Geduld mit deinem häßlichen Gesicht aufgebracht wie deine eigene Mutter!"

198

Ein Beduine entdeckte eine Hose in der Steppe. Da er noch nie eine Hose gesehen hatte, glaubte er, sie sei ein Hemd. Als er das vermeintliche Hemd nicht anzuziehen vermochte, warf er es weg und suchte hastig das Weite. Ein Mann begegnete ihm und wollte den Grund seiner Erregung wissen. Da erklärte der Beduine: „Ich habe ein Hemd des Teufels gefunden. Ich fürchte, daß er mich einholt und fragt: Was hast du mit meinem Hemd getan?"

199

Der Kalif Harūn ar-Raschīd ritt einmal spazieren, und sein Hofnarr Abu Nuwās begleitete ihn. Außerhalb der Stadt trafen sie einen greisen Beduinen, der tränende Augen hatte und bekümmert auf seinem Esel ritt. Der Kalif bedeutete Abu Nuwās mit einem Wink, er solle erkunden, was den Scheich bedrücke.

„Woher kommst du, würdiger Scheich?“ fragte Abu Nuwās.

„Aus Basrah.“

„Und wohin des Weges?“

„Nach Bagdad.“

„Was bedrückt dich?“

„Ich bin auf der Suche nach einem Heilmittel für meine Augenkrankheit.“

„Scherze mit ihm“, rief der Kalif seinem Hofnarren zu, und dieser wandte sich an den Scheich und fragte: „Wenn ich dir ein Heilmittel beschreibe, das dir guttut, was würdest du mir zum Lohne geben?“

„Gott möge dir einen besseren Lohn als den meinen zukommen lassen.“

„Dann höre gut zu: Nimm ein wenig Wind, ebensoviel vom Sonnenstrahl und vom Mondlicht, leg alles in einen bodenlosen Mörser und schlag es fein. Mit dem Gemisch bestreiche deine Augen täglich dreimal, und du wirst schneller gesund, als du glaubst.“

Als der Scheich das vernahm, bückte er sich nach vorn und gab lange und vernehmlich Wind von sich. „Das ist der Lohn für dein Heilmittel. Sollte mir das Mittel jedoch guttun, erhältst du noch mehr!“

200

Ein Beduine lud einmal einen seiner Vettern ein und ließ diesen bis zum späten Nachmittag sitzen, ohne ihm etwas zum Essen anzubieten. Als es nun kühler wurde,

Diebe und Bettler

201

Dschuha schlief neben seiner Frau, als er auf die Schritte eines Diebes, der gerade das Dach bestieg, aufmerksam wurde. So weckte er seine Frau und flüsterte ihr zu: „Ein Dieb hat unser Dach bestiegen; ich lege mich hin, und du weckst mich laut mit der Frage: Wie hast du diese Unmengen von Geld gesammelt?"
Sie befolgte seine Worte, und er erwiderte: „Als ich noch jung war, pflegte ich aus Häusern bei Nacht zu stehlen. Wenn ich ein Dach bestiegen hatte, wartete ich, bis der Mond schien, dann umklammerte ich die Lichtsäule, die durch die Öffnung drang, und sagte siebenmal ‚Schulum, Schulum'. So gelangte ich hinein und hinaus, ohne von den Bewohnern bemerkt zu werden."
Der Dieb, der aufmerksam zugehört hatte, sagte zu sich selbst: „Bei Gott, heute habe ich Wichtiges gelernt und kann es zur Beute des heutigen Abends hinzuzählen."
Er wartete, bis das Licht durch die Dachöffnung schien, rief siebenmal ‚Schulum, Schulum' und klammerte sich an den Lichtstrahl. So fiel er ins Schlafzimmer herab und brach sich allerlei Knochen.
Dschuha aber fesselte ihn und übergab ihn dem Statthalter.

202

Dschuha war unterwegs und mit Säbel und Dolch bewaffnet, da überfiel ihn ein Räuber, der eine Keule trug, und nahm ihm alles, selbst den Esel und die Gewänder. Als der Scheich in diesem Zustand in die Stadt

zurückkehrte, erkundigten sich die Leute, was ihm widerfahren sei. Nachdem er ihnen alles berichtet hatte, tadelten sie ihn: „Aber Dschuha, wie kann ein Fußgänger mit einer Keule einen Reiter mit Säbel und Dolch überfallen und ihm alles rauben?"
„Die eine Hand war mit dem Säbel beschäftigt", erklärte der Scheich, „die andere mit dem Dolch. Wie sollte ich mich wehren? Mit den Zähnen vielleicht? Aber ich habe ihm das Herz verbrannt!"
Auf die Fragen der Leute hin erläuterte der Scheich: „Als er eine Meile von mir entfernt war, verwünschte ich ihn mit allen Flüchen, die mir nur einfielen."

203

Man hatte die Haustür eines Dummkopfes entwendet, darauf eilte er zur Moschee und riß deren Tor aus den Angeln.
„Was machst du da?" riefen die Moscheegänger.
„Ich nehme das Tor des Hauses Gottes, denn sein Besitzer weiß, wer *mein* Haustor genommen hat!"

204

Ein Bettler klopfte an Dschuhas Tür.
„Wer ist da?"
„Komm herunter!"
Als der Scheich die Tür aufmachte, bat der Bettler: „Gib mir etwas, Gott zuliebe!"
„Komm mit!" sagte Dschuha und ging voran, bis die beiden das Dach des Hauses erreichten. Dann sagte

Dschuha, Gott möge dem Bettler etwas geben, er habe nichts für ihn.
„Warum hast du mir das nicht schon vor der Tür gesagt? Dann hätte ich dir nicht bis aufs Dach zu folgen brauchen.“
„Und warum hast du mich nicht vorhin, als ich noch oben war, um ein Almosen gebeten?“

205

Dschuha kaufte einen Esel, band ihm ein Seil um den Hals und zog ihn hinter sich her. Da sagte ein Schlaukopf zu seinem Gefährten: „Ich möchte ihm den Esel entführen.“
„Wie willst du das anstellen, da er doch die Zügel in der Hand hält?“ fragte der Gefährte. Ohne eine Erklärung zu geben, schlich der Listige hinter Dschuha her, löste das Seil vom Hals des Esels und legte es sich selbst um.
Der Gefährte verschwand mit dem Esel. Nach einer Weile drehte Dschuha sich um und entdeckte die Veränderung. Erstaunt fragte er: „Wo ist der Esel geblieben?“
„Ich bin der Esel“, stellte der Schlaukopf fest. Und auf die Frage, was ihn zum Esel gemacht habe, erklärte er: „Ich habe meine Mutter schlecht behandelt, da flehte sie den Allmächtigen an, mich in einen Esel zu verwandeln. Am darauffolgenden Morgen war ich tatsächlich zum Esel geworden. So nahm sie mich mit auf den Markt und verkaufte mich dem Händler, von dem du mich erworben hast. Und jetzt danke ich Gott, daß meine

Mutter mir verziehen hat. Sonst wäre ich ein Esel geblieben mein Leben lang!"

„Beim Allmächtigen! Wie sollte ich es über mich bringen, auf dir zu reiten, da du doch ein Mensch bist? Geh mit Gott und sei gut zu deiner Mutter! Der Himmel möge es mir lohnen."

Nach einer Woche ging der Scheich wieder auf den Markt, um einen anderen Esel zu kaufen, und fand sich plötzlich vor dem Esel, den er eine Woche zuvor erworben hatte. Dschuha näherte sich ihm und flüsterte ihm ins Ohr: „Verfluchter Hund, mußtest du wieder deine Mutter kränken?"

206

Ein Dieb brach in Dschuhas Haus ein und entwendete die teuersten und leichtesten Möbelstücke. Als er das Haus verließ, folgte Dschuha ihm mit dem Rest der Möbel. Der Dieb wurde die Schritte gewahr, drehte sich um und entdeckte den Scheich. Auf die Frage, was er von ihm wolle, sagte Dschuha: „Du hast mir alles genommen, ich trage den Rest in dein Haus und ziehe zu dir um. Morgen, mit Gottes Hilfe, kommen auch die Frau und die Kinder. Sie werden sich sehr freuen, unser altes Haus verlassen zu können."

Da lachte der Dieb und gab ihm seine Habe zurück.

207

Ein Räuber überfiel mit seiner Bande einen Pilgerzug, tötete mehrere der Pilger und plünderte die Karawane. Unter den Ladungen entdeckte er Ballen seidener Stoffe,

die bunt und kostbar waren. So ließ er sich den Besitzer jener Ladung vorführen und fragte den Pilger: „Was hat dich daran gehindert, nicht mehr von diesen Stoffen mitzunehmen?"
„Hätte ich im voraus gewußt, daß der Markt so günstig sein würde, hätte ich noch mehr mitgebracht!" erwiderte der Besitzer. Die Schlagfertigkeit des Mannes gefiel dem Räuber, und er ließ ihm eine Belohnung auszahlen, gab ihm seine Ware zurück und lieh ihm Schutz, bis er sein Ziel erreicht hatte.

208

Dschuha kaufte einen Sack Mehl und lud ihn auf den Rücken eines Lastträgers, doch dieser verschwand mit der kostbaren Ware. Einige Tage danach sah Dschuha den Lastträger wieder. Hastig versteckte er sich vor ihm. Als man ihn fragte, weshalb er das getan habe, erklärte der Scheich: „Ich fürchtete, er würde den ihm zustehenden Lohn verlangen."

209

Ein Höfling trat bei dem Statthalter von Ägypten ein und bemühte sich um eine Gabe. Doch der Emir ließ ihn mit leeren Händen davonziehen. Unterwegs überfiel den Höfling ein bekannter und gefürchteter Räuber und herrschte ihn an: „Gib her, was dir der Statthalter geschenkt hat!"
„Er hat mir gar nichts geschenkt", versicherte der Höfling. Doch der Räuber glaubte ihm nicht und schlug ihn, um ihn zum Reden zu bringen, mit seiner Peitsche.

Nach einigen Tagen trat der Höfling abermals bei dem Statthalter ein und wurde — wie zuvor — nicht erhört. Darauf bat er den Emir: „Ich flehe dich an, schreibe mir eine Bescheinigung aus, daß du mir nichts gegeben hast, damit ich es Abu 'n-Nadā, dem Räuber, beweisen und mich vor seiner Peitsche retten kann!"
Da lachte der Emir und belohnte ihn reichlich.

210

Ein kräftiger Mann wählte das Betteln zum Beruf und hörte nicht auf die Vorwürfe seiner Mitmenschen. Einmal klopfte er an die Tür Dschuhas.
„Was führt dich zu uns?" fragte der Scheich.
„Ich bin ein Gast Gottes", sagte der Bettler, um auf den frommen Scheich Eindruck zu machen.
„So folge mir!" befahl Dschuha und ging dem Mann voraus, bis sie die Moschee erreichten. Dort sagte der Scheich: „Du hast dich in der Tür geirrt. Dies hier ist das Haus Gottes, o Gast Gottes!"

211

Eines Nachts vernahm Dschuha Lärm einer Schlägerei von der Gasse, während er neben seiner Frau lag. Er wickelte sich in die Steppdecke und ging hinaus, um festzustellen, weshalb man sich prügele. Da stürzten einige Betrunkene auf ihn zu, rissen ihm die Decke vom Leibe und machte sich aus dem Staube. Zitternd vor Kälte kehrte er ins Haus zurück.
„Was war denn los?" fragte seine Frau.

„Nichts war los. Es gab eine Schlägerei wegen unserer Steppdecke. Als sie die Decke hatten, beruhigte sich alles wieder."

212

Ein Bettler ging an Bahlūl vorbei, als dieser gerade mit dem Verspeisen eines Hähnchens beschäftigt war.
„Gib mir doch eine Keule ab, Bahlūl", sagte der Bettler.
„Das geht leider nicht, das Hähnchen gehört mir nicht."
„Ja, wem gehört es denn?"
„Meiner Frau. Sie hat es mir gegeben, damit ich es für sie verzehre."

213

Dschuha ging einmal zum Fluß baden, zog sich aus und ließ seine Kleidungsstücke am Ufer zurück. Diebe kamen vorbei und entwendeten sie. So mußte der Scheich entblößt den Heimweg einschlagen. Nach einigen Tagen sah man ihn völlig bekleidet baden.
„Was soll das bedeuten?" fragte man Dschuha.
„Lieber sollen meine Kleider naß werden, als daß sie trocken ein anderer trägt."

214

Ein Dieb in Kufah wurde in Ketten geworfen und als abschreckendes Beispiel auf dem Marktplatz zur Schau gestellt. Doch das hinderte ihn nicht daran, seine Gaunereien fortzusetzen. Er sagte zu seinem Wächter: „Eile zu der Ruine Soundso. Dort habe ich Geld versteckt. Ich halte solange dein Obergewand.“ Nachdem der Wächter verschwunden war, kam ein Bekannter an dem Dieb vorbei. Da rief der Dieb ihm zu: „Nimm dieses Obergewand und verkaufe es. Die Hälfte des Ertrages ist für dich!“

215

Ein Mediner stahl ein Gewand und übergab es seinem Sohn, der es auf dem Markt verkaufen sollte. Unterwegs wurde aber dem Sohn dieses Hemd gestohlen, und so kehrte er mit leeren Händen nach Hause zurück. „Hast du das Gewand verkauft?“ erkundigte sich der Vater.
„Jawohl!“
„Für wieviel?“
„Zum Einkaufspreis!“

216

Dschuha ging einmal ins türkische Bad. Dort wurden ihm die Kleider gestohlen. Unentwegt sagte er darauf laut vor sich hin: „Ich weiß, ich weiß.“
Der Dieb, der sich in der Nähe befand, hörte die Ausrufe des Scheichs und glaubte, Dschuha habe ihn ertappt. Reumütig brachte er dem witzigen Greis die Gewänder zurück und erlaubte sich die Frage: „Ich habe dich sagen hören: ‚Ich weiß, ich weiß!‘ Was weißt du? Was hast du damit gemeint?“
„Ich weiß, daß ich ohne Bedeckung vor Kälte sterbe.“

Auf dem Markt

217

Einmal war Dschuha mit seinem Esel auf dem Markt. Dort kaufte der Scheich mancherlei Gemüse, stopfte es in die Satteltaschen und hängte die schweren Taschen über seinen Rücken. Dann setzte er sich auf den Esel. Unterwegs traf er einen Freund, der ihn fragte: „Warum lädst du die Satteltaschen nicht auf den Esel und ersparst dir die Last?“
„Fürchte Gott, Freund! Reicht es nicht, daß ich dieses armselige Tier reite? Muß ich es noch mit weiteren Gewichten belasten?“

218

Man sah Dschuha auf den Markt rennen.
„Was ist denn los, Dschuha?“
„Habt ihr eine Dienerin gesehen, deren Herr einen roten Bart trägt?“

219

Dschuhas Vater schickte ihn auf den Markt, einen gerösteten Hammelkopf zu kaufen. Dschuha kaufte einen Kopf, setzte sich unterwegs hin, aß Augen, Ohren, Zunge und Kopfhaut und trug den Rest seinem Vater ins Haus.
„Weh dir! Was hast du da gekauft?“
„Den Hammelkopf, den du verlangt hast.“
„Wo sind seine Augen?“
„Er war blind!“

„Und wo sind seine Ohren?"
„Er war taub!"
„Und die Zunge?"
„Er war auch stumm!"
„Und wo ist die Kopfhaut?"
„Er hatte eine Glatze!"
„Weh dir! Trag ihn zurück und tausch ihn gegen einen anderen um."
„Das geht nicht. Der Fleischer hat ihn mir billig verkauft, auf daß ihm alle Sünden vergeben würden!"

220

Asch'ab handelte mit einem Verkäufer um einen arabischen Flitzbogen, und der Mann beteuerte: „Ich kann ihn für weniger als einen Dinar nicht hergeben."
„Bei Gott", rief Asch'ab aus, „lieber gebe ich alle meine Leibeigenen frei! Und wenn ich mit dem Pfeil einen Vogel mitten in der Luft treffen könnte und dieser geröstet zwischen zwei Laiben Brot mir in den Schoß fiele, würde ich noch immer nicht den Bogen für einen Dinar erwerben!"

221

Dschuha ging mit seinem Esel auf den Markt. Da kam ein Käufer und steckte die Hand in das Maul des Esels, um festzustellen, wie alt er sei. Doch der Esel biß ihm in den Finger. Fluchend entfernte sich der Mann. Dann näherte sich ein anderer Käufer und wollte den Schwanz des Esels prüfen. Doch der Esel schlug ihn mit den Hin-

terbeinen so heftig, daß er zu Boden taumelte. Schimpfend zog auch dieser Käufer sich zurück. Da kam der Makler auf Dschuha zu und meinte: „Niemand wird diesen Esel kaufen wollen. Er beißt und schlägt ja."
„Ich will ihn ja auch gar nicht verkaufen. Ich habe ihn nur hierhergeführt, damit die Gläubigen erfahren, was ich alles von diesem verdammten Esel erdulden muß."

222

Dschuhas Nachbarin besaß einen häßlichen, dürren Ziegenbock, den zu verkaufen sie vergebens sich bemühte. Dschuha empfand Mitleid mit ihr und riet ihr: „Nimm ihn morgen mit auf den Markt, dann erscheine ich und verhandle mit dir. Du verlangst nicht weniger als hundert Dinare."
Am darauffolgenden Tag führte die Nachbarin ihren Bock auf den Markt. Dschuha erschien mit einem Bandmaß in der Hand und ging auf die Frau zu, als kenne er sie nicht. Aufmerksam maß er die Länge, Breite und Höhe des Tieres, und allmählich sammelte sich eine Menschenmenge um ihn. Dann fing er an, mit der Frau um den Preis zu handeln. Er bot ihr zwanzig, dreißig, neunzig Dinare. Sie aber bestand darauf, den Bock für nicht weniger als hundert Dinare herzugeben. Dschuha bedauerte, daß er nicht soviel Geld bei sich habe, und zog sich zurück. Ein Kaufmann, der alles aufmerksam beobachtet hatte, sagte sich, daß dies ein ganz besonderer Bock sein müsse. So kaufte er ihn für hundert Dinare. Dann eilte er hinter Dschuha drein, bis er ihn einholte. „Ich bitte dich, mir zu verraten, zu welchem

Zweck du den Bock kaufen wolltest", bat der Kaufmann.
Dschuha nahm abermals Maß von der Länge, Höhe und Breite des Haustieres. Dann stellte er fest: „Wäre er zwei Fingerbreiten länger und um einen Finger breiter, könnte man mit seinem Fell ein Tamburin oder eine Trommel bespannen."

223

Einer suchte einen Tierhändler auf mit der Bitte: „Kauf mir einen Esel, der weder klein und schmächtig, noch groß und bekannt ist, der dankbar ist, wenn ich ihn sättige, der geduldig ist, wenn er lange auf Futter warten muß, der flott trabt, wenn der Weg frei ist, und langsam geht, wenn der Weg überlaufen ist, der mich nicht gegen Pfähle schlägt noch in unangenehme Gegenden bringt, der munter anzieht, wenn ich ihn besteige, und einschläft, wenn ein anderer auf ihm reitet."
Darauf meinte der Händler: „Gib mir einige Tage Zeit. Sollte der liebe Gott unseren Richter in einen Esel verwandeln, so kaufe ich ihn für dich."

224

Auf dem Marktplatz hörte Dschuḫa einen Händler ein Schwert für tausend Darāhim anpreisen. Er nahm das Schwert zur Hand und musterte es genau, konnte aber nicht herausfinden, weshalb es gegen einen so hohen Preis verkauft werden sollte. Auf seine Frage erklärte

der Händler, jenes Schwert sei aus gutem Material, und wenn man mit ihm den Feind treffen wolle, verlängere es sich um fünf Armlängen.
Am nächsten Tag erschien Dschuha mit einer großen Kohlenzange und pries sie für tausend Darāhim an. Die Käufer staunten darüber und musterten die Zange genau, um schließlich festzustellen, sie sei nicht einen einzigen Dirham wert. Als man Dschuha fragte, wieso er solch einen gewaltigen Preis für die Kohlenzange verlange, erklärte er: „Gestern hat man behauptet, das Schwert sei tausend Darāhim wert, weil es sich um fünf Armlängen verlängere, wenn man mit ihm einen Feind treffen wolle. Diese Zange muß noch wertvoller sein, denn sie wird zehn Armlängen länger, wenn meine Frau zürnt und mit ihr nach mir wirft."

225

Dschuha wollte seinen Esel verkaufen. Er übergab ihn dem Makler, der laut und deutlich die außergewöhnlichen Eigenschaften des Tieres anzupreisen begann: „Dies ist ein Esel von schnellem Lauf, von gutem Bau und großen Schritten! Wer auf ihm reitet, weiß nicht, was Müdigkeit ist ..."
Die Leute versammelten sich um den Makler und musterten das Reittier. Als Dschuha diesen Auflauf wahrnahm und die Worte des Maklers überdachte, sagte er sich, der Esel könne Eigenschaften besitzen, die ihm bislang nicht bekannt gewesen seien. So stürzte er sich in die Menge und steigerte den Preis des Esels, bis er schließlich der einzige Bietende war. Begeistert holte er

seinen Geldsack, zählte die Summe ab, übergab sie dem Makler und brachte glücklich seinen Esel nach Hause.
Am selben Abend saß er mit seiner Frau zusammen und erzählte ihr von dem Ereignis im Basar. Da entgegnete sie: „Mein Erlebnis heute war noch eigenartiger. Der Rahmverkäufer klopfte an meine Tür, und ich bat ihn um ein Pfund Sahne. Er trat ein, und während er mit dem Rahm beschäftigt war, legte ich schnell meine goldenen Armreifen in die Gewichtschale der Waage, um mehr als ein Pfund Rahm zu bekommen. Dann nahm ich die Schüssel mit der Sahne und trug sie in die Küche. Die Armreifen ließ ich in der Waagschale liegen, damit er nicht merke, daß ich ihn betrogen habe!"
Da rief Dschuha: „Gott möge dich segnen! Ich draußen auf dem Markt — und du hier drinnen ... Und unser Haus blüht und gedeiht!"

226

Dschuha war auf dem Marktplatz zugegen, als man einen bunten Vogel für zwanzig Dinare verkaufte. Vögel sind heute besonders gefragt, ging es ihm durch den Kopf, jetzt ist es an der Zeit, einen Gewinn zu erzielen. Am nächsten Tag trug er einen alt gewordenen Hahn auf den Markt, doch wollte man nicht mehr als zwanzig Darāhim für ihn geben.
„Gestern habe ich zugesehen, wie ihr einen Vogel, der nicht größer als eine Taube war, für zwanzig volle Dinare erstanden habt. Aber für diesen großen Hahn wollt ihr nicht mehr als zwanzig Darāhim bieten! Wie erklärt sich denn das?"

„Der Vogel, von dem du sprichst, o Scheich, war ein Papagei."
„Ist ein Papagei denn nicht auch nur irgendein Federvieh?"
„Nein, keineswegs! Er kann sprechen wie unsereiner."
Dschuha warf einen nachdenklichen Blick auf den Hahn und stellte hoheitsvoll fest: „Wenn jener Vogel sprechen kann, dieser hier kann denken, aber besser als unsereiner."

Die lieben Nachbarn

227

Ein Nachbar fragte Dschuha: „Ich habe Schreie aus deinem Hause gehört."
„Mein Hemd ist hoch von droben gefallen", sagte der Scheich.
„Das ist doch kein Grund zur Aufregung", meinte der Nachbar erstaunt.
Doch Dschuha stellte fest: „Du Dummkopf, wenn du selbst in dem Hemd steckst, fällst du dann nicht auch mit ihm?"

228

Ein Nachbar erkundigte sich nach dem Befinden des Sulajmān al-A'masch mit den Worten: „Wie hast du heute nacht geschlafen?"
Da ging al-A'masch ins Haus hinein, holte Strohmatte und Kissen heraus, breitete sie aus, streckte sich darauf aus und sagte: „So habe ich geschlafen."

229

In einem Nachbarhaus fand eine Hochzeitsfeier statt. Asch'ab hatte Hunger, blieb aber zu Hause, weil er auf eine Einladung hoffte. Doch der Tag ging dem Ende zu, und keine Einladung fand den Weg zu Asch'ab. Wütend und fluchend stand er auf und deckte seine eigene Tafel. Doch kaum hatte er begonnen zu essen, vernahm er Pochen an der Tür. Er erkundigte sich nach dem Besucher, und als dieser sich für einen Diener des Brauthauses von nebenan ausgab, rief Asch'ab: „Einen Augenblick, lieber Mann!" Er eilte zum Abort, spuckte aus, was er im Munde hatte, wischte sich die Lippen ab und öffnete die Haustür.

„Meine Herrin bittet dich, uns deinen Mörser für eine Weile zu leihen", sagte der Diener.

„Verschwinde!" fauchte Asch'ab ihn an. „Deine Mutter und die Mutter deiner Herrin seien verflucht, du Sohn einer Schlampe!"

230

Ein Nachbar bat Dschuha, ihm seinen Esel zu leihen. Der Scheich bat den Nachbarn, sich zu gedulden, bis er seinen Esel nach seiner Meinung gefragt habe. Er verschwand kurz im Haus und berichtete dann: „Mein Esel ist nicht einverstanden. Er hat nur gesagt: ‚Willst du mich Menschen überlassen, die mich schlagen und mir nachrufen: Du Esel eines Hundes?'"

231

Im Nachbarhaus Dschuhas wohnte ein Ritter, der jeden Abend, wenn er nach Hause zurückgekehrt war, drei Seufzer auszustoßen pflegte: den ersten im Erdgeschoß, den zweiten im Obergeschoß und den dritten in seinem Zimmer. Dschuha fragte den Nachbarn nach dem Grund seines Seufzens, und der Ritter bat den Scheich, ihm ins Haus zu folgen, damit er den Grund erfahre. Der Ritter führte Dschuha in den Stall, zeigte ihm ein hochgewachsenes, edles Pferd und sagte, mit diesem Hengst habe er mehrere Schlachten geführt und gewonnen. Er stieß einen stolzen Seufzer aus und führte den Scheich ins Obergeschoß. Dort betraten sie einen Raum voller Kampfausrüstungen. Mit einem Teil jener Waffen hätten seine Ahnen Kriege geführt, erklärte der Ritter, den anderen Teil habe er selbst sich in Zweikämpfen erbeutet. Zufrieden seufzte er tief und betrat sein Zimmer. Er rief seine Frau, sie möge eintreten und die Hand des Scheichs küssen. Sie legte sich ein Kopftuch über das Haar und grüßte Dschuha, wie ihr geheißen wurde. Diese Frau sei eine der Nebenfrauen des Sultans gewesen, erklärte der Nachbar. Sie habe ihn im Palast erblickt und geliebt, man habe sie ihm übergeben und anvermählt. Ihre Schönheit und ihr Wissen seien beispiellos, beendete er seine Erklärung und seufzte tief und glücklich.

Endlich kam Dschuha zu Wort, und er sagte: „Es ist dein gutes Recht, auf alles dies stolz zu sein. Doch bitte ich dich, nur einmal statt dreimal zu seufzen — aus Rücksicht auf mich.“

232

„Ich habe Lärm und Krach aus deinem Hause vernommen“, sagte ein Nachbar zu Dschuha. „Mir kam es vor, als hätte eine Schlägerei stattgefunden. Etwas rollte sogar die Treppen herab.“

„Wir hatten Meinungsverschiedenheiten, meine Frau und ich. Es hat einen Wortwechsel gegeben. Dann schlug sie mein Gewand, und es fiel die Treppe hinab. Daher der Lärm, den du vernommen hast.“

„Aber, Dschuha, ein Gewand kann doch nicht solchen Krach machen, wenn es fällt!"
„Sei nicht so genau, Nachbar. Hättest du in dem Gewand gesteckt, es hätte noch mehr Krach gemacht."

233

Jemand bat Dschuha um seinen Esel. Der Scheich, der das Tier nicht gern anderen überließ, sagte, daß es nicht im Hause sei. Als habe der Esel nur darauf gewartet, schrie er — laut genug, um die Lüge des Scheichs zu verraten.
„Aber da schreit ja der Esel, Dschuha!" sagte der Nachbar vorwurfsvoll.
„Bei Gott, Bruder, ziehst du das Wort eines Esels dem eines würdigen Mannes mit langem weißem Barte vor?"

234

Ein Nachbar war sehr erstaunt, als er den Scheich Dschuha laut sprechen hörte und dann eilends davonrennen sah.
„Was machst du da, Dschuha?"
„Ich will meine Stimme von ferne vernehmen."

235

„Dein Nachbar behauptet", sagte man zu einem Witzbold, „daß es ihm einerlei sei, ob er einem oder gleich mehreren Gegnern auf dem Schlachtfeld begegne. Stimmt das?"

„Es stimmt schon", meinte der Witzbold, „denn er würde sowohl vor einem als auch vor mehreren das Weite suchen!"

236

Man fragte Muzabbid: „Warum verlangsamt dein Esel seinen Schritt, je näher er dem Hause kommt? Andere Esel rasen fast, sobald sie den Stall wittern."
„Weil er weiß, welche elende Unterkunft ihn erwartet."
Ihm wurde geraten: „Hab Geduld, denn das Ende der Not naht."
Muzabbid antwortete: „Ich fürchte nur, jenes Ende wird an mir vorbeiziehen, ohne mich zu erblicken."

237

Dschuha besaß einen wohlgenährten Widder, den er zum Adha-Fest aufsparte. Seine Nachbarn ermunterten Dschuha fortwährend, das Tier zu schlachten und es ihnen als Festmahl aufzutischen. Als sie kein offenes Ohr bei ihm fanden, entwendeten sie das Tier, schlachteten und verzehrten es. Dschuha erfuhr davon, doch ließ er sich nichts anmerken. Lange suchte er herauszufinden, welcher Nachbar es getan hatte, bis ihm das gelungen war. Ein Jahr danach entdeckte Dschuha bei jenem Nachbarn eine Zibbe. So schlachtete er sie und verzehrte sie mit seiner Familie. Der Besitzer der Zibbe war ein Geizhals. Als er das Mutterschaf vermißte, fing er an, dessen Vorzüge zu preisen: wie fett und groß es war und was für weiche Wolle es hatte. Eines Tages

waren die Nachbarn, samt unserem Geizhals, bei Dschuha versammelt. Da fing der Mann von neuem an, die Vorzüge seiner vermißten Zibbe zu besingen. Doch der Scheich unterbrach ihn sarkastisch, indem er seinem Sohn zurief: „Hole das Fell jener Zibbe aus dem Lager, damit jeder selbst beurteilen kann, ob ihre Wolle tatsächlich weich wie Seide und weiß wie Schnee oder ganz das Gegenteil davon war und ob sie so groß wie ein Kamel oder so klein wie eine Katze war. Vielleicht werden wir dann die Legende von der Zibbe endlich los, die er immerfort so darstellt, als wäre sie das Kamel des Propheten gewesen!"
Dschuhas Sohn holte das Fell herbei, und der Nachbar begriff, daß der Scheich sich an ihm gerächt hatte.

238

Dschuha schloß mit seinen Freunden eine Wette ab, bei der es darum ging, ob er im Winter eine ganze Nacht im Freien zubringen könne. Sollte ihm dies gelingen, wollten sie ihm ein Festmahl ohnegleichen auftischen. Nur eine einzige Bedingung hatten sie gestellt: Er dürfe sich an keinem Feuer wärmen, ganz gleich, wie winzig es sein möge. Andernfalls müsse er für das Festmahl aufkommen.
Dschuha verbrachte die Nacht im Freien, wie es abgemacht war. Um sich zu wärmen, schleppte er die ganze Nacht Steine von einer Stelle zur anderen. Am nächsten Morgen fragte man ihn, wie er die Kälte ertragen habe. Er habe einen Lichtstrahl eine Meile weit entfernt erblickt und sich daran gewärmt, erklärte der Scheich.

Da meinten alle, er habe die Bedingung nicht eingehalten und müsse demnach das Mahl bereiten.
Nach drei Tagen versammelten sich die Freunde um die Mittagstafel bei Dschuha und warteten hungrig auf das köstliche Mahl. Doch der Mittag und der Nachmittal verstrichen, ohne daß ihnen etwas gereicht wurde. Auf ihre Frage, wo der Braten bliebe, bat Dschuha, sie möchten mit ihm in den Hof kommen und sich mit eigenen Augen überzeugen, daß das Fleisch noch nicht gar sei. Im Hof erblickten sie mit Erstaunen ein Lamm, das an einem Baum hing. Und zehn Armlängen darunter, auf dem Sand, brannte eine Öllampe.
„Wie sollte es wohl möglich sein", fuhren sie den Scheich an, „daß ein Lamm auf solch einer winzigen Flamme gebraten wird? Dazu noch aus so großer Entfernung!"
„Wie vergeßlich ihr seid, Freunde! Vor drei Tagen habt ihr geglaubt, ich hätte mich an einem Lichtstrahl aus einer Meile Entfernung gewärmt. Und heute wollt ihr es nicht gelten lassen, daß ein Lamm einige Armlängen von einer Flamme entfernt gar werden kann!"

239

Ein Nachbar bat Asch'ab, ihm eine Anleihe zu gewähren und den Termin der Rückzahlung möglichst weit hinauszuschieben.
„Du hast zwei Bitten in einem Atemzug ausgesprochen", meinte Asch'ab. „Wenn ich dir eine davon erfülle, werde ich dir schon mehr als gerecht." Als der Nachbar zustimmend nickte, sagte Asch'ab: „Ich werde

dir entgegenkommen und den Termin der Rückzahlung auf unbestimmte Zeit vertagen, dir aber die Anleihe nicht gewähren."

240

Einige Nachbarn versammelten sich um Muzabbid, während dieser einen Eintopf zubereitete. Einer von ihnen fischte ein Stück Fleisch aus dem Kochtopf und aß es, um dann festzustellen, dem Gericht fehle es an Gewürzen. Worauf ein anderer nach einem zweiten Fleischstück langte, es verzehrte und behauptete, dem Eintopf fehle Salz. Da holte Muzabbid ein weiteres Stück heraus, führte es zum Mund und bemerkte: „Dem Eintopf fehlt Fleisch!"

241

Ein Freund suchte Dschuha mit den Worten auf: „Du hast versprochen, mir Geld zu leihen. Willst du dein Versprechen nicht einhalten?"
Darauf antwortete der Scheich: „Ich leihe mein Geld niemandem. Doch Versprechen kannst du von mir haben, soviel du willst!"

242

Dschuhas Nachbar bat ihn, ihm ein Seil zu leihen, an dem er die Wäsche zum Trocknen aufhängen könne. Dschuha verschwand im Haus und kam bald darauf mit den Worten zurück: „Es tut mir leid, Nachbar,

aber meine Frau hat auf dem Seil Mehl ausgebreitet."
„Aber Dschuha! Breitet man denn Mehl auf Seilen aus?"
„Ja und? Wenn ich dir das Seil nicht geben will, könnte ich sogar mit allem Recht behaupten, wir hätten Luft auf ihm ausgebreitet!"

243

Ein Nachbar besuchte al-A'masch während dessen Krankheit und sagte: „O Nachbar, wenn ich nicht fürchtete, dir lästig zu fallen, hätte ich dich öfters besucht und mich nach deiner Gesundheit erkundigt."
Da entgegnete al-A'masch ohne Zögern: „Du fällst mir schon zur Last, wenn du zu Hause bist. Wie soll es mir dann ergehen, wenn du bei mir eintrittst!"

244

Dschuha kaufte zwanzig Tauben und schlachtete und briet sie. Dann suchte er einige Freunde auf und lud sie zur Tafel ein. Während seiner Abwesenheit betrat ein Nachbar das Haus des Scheichs, entwendete die gebratenen Vögel, legte an deren Stelle zwanzig lebende Tauben in den Topf hinein und deckte sie zu. Dschuha kehrte zurück, holte den Topf und setzte ihn seinen Gästen vor. Als er den Deckel lüftete, flogen die Tauben davon. Da hob Dschuha den Kopf gen Himmel und rief: „O Herr, der du die Tauben wieder zum Leben riefst und sie davonfliegen ließest, um mich vor allen Versammelten zu beschämen — wo bleibt das

Geld für die Vögelchen und für das Fett, die Gewürze und den Brennstoff?“

245

Eines Nachts schlief Dschuha auf der Dachterrasse, als seine Frau ihn weckte, um etwas mit ihm zu besprechen. Sie stritten sich, und er stand in seiner Erregung auf und ging auf und ab. Dabei vergaß er völlig, daß er sich auf dem Dach befand. So fiel er vom Dach auf die Straße und brach sich das Bein. Die Nachbarn eilten herbei und erkundigten sich, wie das geschehen sei. „Wer sich mit seiner Frau auf dem Dach streitet“, erklärte der Scheich, „der versteht mein Unglück.“

246

Muzabbid hielt einen Krug in der Hand. Als er seinen Nachbarn erblickte, bedeckte er den Krug schnell mit dem Ärmel.
„Was trägst du da in der Hand?“ fragte der Nachbar.
„Du Dummkopf, wollte ich dich das wissen lassen, hätte ich den Krug nicht verdecken müssen“, entgegnete Muzabbid.

247

Eines Tages stiegen Flammen aus den Fenstern des Hauses von Dschuha. Ein Nachbar beeilte sich, Dschuha die schlechte Nachricht zu bringen. „Komm schnell, Dschuha! Dein Haus brennt!“

„Bruder“, entgegnete der Scheich gelassen, „ich habe die Aufgabengebiete zwischen mir und meiner Frau geteilt. Ich erledige alles außerhalb des Hauses, und sie kümmert sich um den Haushalt. Der Brand fällt in ihr Fach, nicht in meines. So suche *sie* auf und teile es ihr mit.“

248

„Der Fürst der Gläubigen hat veranlaßt, daß jedem Irren zwei Darāhim ausgezahlt werden“, sagte ein Nachbar zu Bahlūl, dem Irren, um ihn zu ärgern. Darauf sagte Bahlūl schlagfertig: „Ich nehme an, du hast deinen Anteil bereits erhalten.“

249

„Hast du vierzigjährigen Essig, Dschuha?“ fragte ihn sein Nachbar.
„Gewiß, den habe ich.“
„Gibst du mir ein wenig davon?“
„Ich kann dir diesen Wunsch nicht erfüllen.“
„Warum nicht?“
„Wollte ich dir und jedem anderen gefällig sein, besäße ich keinen vierzigjährigen Essig mehr!“

Geizhälse, Freßsäcke
und Schmarotzer

250

Bei einem Festmahl fiel Asch'ab auf, daß sein Sohn 'Ubajdah ein Glas Wasser während des Essens trank. Nachdem die Tafel aufgehoben war, nahm Asch'ab seinen Sohn beiseite und versetzte ihm einen Schlag ins Gesicht mit den Worten: „Du Narr, anstelle des Wassers hättest du einige Bissen mehr essen können!"
„Aber Vater", erklärte der Sohn rasch, „Wasser bereitet mehr Platz für die folgenden Bissen!"
Da traf ihn der zweite Hieb noch heftiger als vorher. „Warum hast du mich nicht *vor* dem Essen darauf aufmerksam gemacht?"

251

Asch'ab, der Habgierige, wurde gefragt, ob er jemals jemandem begegnet wäre, der noch habgieriger war als er. Und er antwortete: „Bei Gott, ja! Einem Hund, der mich vier Meilen lang verfolgte, weil ich an einem hohlen Zahn lutschte."

252

Ein Schmarotzer verkaufte sein Haus mit Ausnahme eines Nagels in der Wand. Er machte zur Bedingung, daß er jenen Nagel jederzeit besuchen dürfe, da er für ihn eine besondere Erinnerung sei. Der Käufer erklärte sich mit dieser Bedingung einverstanden.
Am nächsten Morgen, um die Frühstückszeit, betrat der Schmarotzer das Haus, um seinem Nagel einen Besuch

abzustatten, und der neue Besitzer lud ihn zum Frühstück ein. Gegen Mittag erschien der frühere Eigentümer abermals, um seinen Nagel zu betrachten, und wurde zum Mittagessen willkommen geheißen. Auch am Abend klopfte der Schmarotzer an, um seinen Nagel zu betrachten, und blieb zum Abendessen da. Selbst nachmittags und nachts tauchte der Mann unter demselben Vorwand auf, bis der neue Besitzer es nicht mehr länger ertragen konnte und fluchtartig das Haus verließ.

253

Asch'ab pflegte zu sagen: „Mein Hund ist ein schlechter Hund. Den Gästen winkt er mit dem Schwanz zu, und die Schenkenden bellt er an."

254

Es gab einen Spalt in Asch'abs Tür. Durch diesen Spalt steckte er die Hand, wenn er schlief, in der Hoffnung, jemand würde vorbeigehen und etwas hineinlegen.

255

Muzabbid al-Madanī kaufte zwei gekochte Hammelköpfe und legte sie seiner Frau vor mit den Worten: „Auf, laß uns essen."
Da griff sie nach einem der beiden Köpfe und legte ihn hinter sich. Dazu meinte sie: „Diesen hebe ich für meine Mutter auf."

Muzabbid nahm den zweiten Kopf und ahmte sie nach mit den Worten: „Und ich diesen für meinen Vater."
Worauf seine Frau wissen wollte: „Was sollen wir denn nun essen?"
Muzabbid hatte nur eine Antwort darauf: „Gib den Kopf deiner Mutter heraus, so geselle ich den meines Vaters dazu."

256

Asch'ab wurde gefragt, wie weit seine Habgier reiche, und er erklärte: „Niemals habe ich zwei Menschen erblickt, die miteinander flüsterten, ohne anzunehmen, sie berieten sich über ein Geschenk für mich."

257

Muzabbid besaß einen Hahn, der alle Zeiten — auch die schwersten — überstanden und die Nähe des Schmarotzers lange Jahre genossen hatte. Das Opferfest nahte, als Muzabbid eine schlechte Zeit durchmachte und nichts Eßbares außer diesem Hahn besaß. Bevor er das Haus zum Festgebet verließ, gab er seiner Frau Anweisung, den Hahn zu schlachten und zum Festmahl zuzubereiten. Die Frau langte nach dem Federvieh, doch der Hahn flatterte herum, krähte und hüpfte von Mauer zu Mauer. In seiner Angst ließ er einen Lehmstein auf einen Nachbarn fallen, zerbrach einem anderen den Topf und kippte einem dritten die Flasche um. Die Nachbarn erkundigten sich nach dem Grund dieser Aufregung und erfuhren von der jämmerlichen Lage Muzabbids. Da sagten sie: „Bei Gott, wir können es nicht zulassen, daß die Not Muzabbids sich so arg verschlimmert.“ Sie waren wohlhabende Haschimiten. Einer von ihnen schickte dem Schmarotzer eine Zibbe ins Haus, ein anderer gleich zwei, ein dritter eine wohlgenährte Kuh. Jeder wollte den anderen übertreffen und seine Freigebigkeit unter Beweis stellen. So wimmelte es im Hofe Muzabbids von Kühen und Schafen, und seine Frau konnte davon schlachten, was ihr beliebte.

Als Muzabbid nach Hause zurückkehrte, empfingen ihn die Wohlgerüche der in Zubereitung befindlichen Speisen. Erstaunt fragte er: „Wo hast du alle diese guten Gaben her?“

Seine Frau berichtete ihm die Geschichte des Hahnes und wie es dazu kam, daß der Barmherzige sich ihrer annahm. Muzabbid strahlte vor Freude und rief: „Bewahre diesen kostbaren Hahn auf und hege ihn, denn bei Gott, er steht dem Herrn näher als sein Prophet Ismael!“

„Woraus schließt du das?“

„Weil Gott den Ismael nur mit einem einzigen Schaf loskaufte, als sein Vater diesen opfern wollte, wie ihm befohlen wurde, was im Koran mit ‚Und wir kauften ihn mit einem großen Opfertier los‘ beschrieben wird, während dieser Hahn durch all die Schafe und Rinder losgekauft wurde.“

258

Asch'ab blieb vor einer Frau stehen, die mit dem Flechten eines Korbes aus Palmblättern beschäftigt war. Er

bat sie darum, den Korb groß und geräumig zu formen.
„Warum?" wollte die Frau wissen. „Willst du ihn erwerben?"
„Keineswegs, aber vielleicht kauft ihn jemand und bringt mir in ihm ein Geschenk. Darum wäre es besser, daß der Korb groß und nicht klein ausfällt."

259

Al-Wākidī erzählte: Ich war mit Asch'ab auf dem Wege nach al-Musallā, als er einen Dinar fand. Er rief mich, und ich erkundigte mich, was er von mir wolle. „Ich habe einen Dinar gefunden", sagte Asch'ab. „Was soll ich damit tun?"
„Ruf ihn aus!" schlug ich vor. „Vielleicht meldet sich sein Besitzer."
„Meine Frau soll verstoßen sein, täte ich, was du da vorschlägst!"
„Was willst du dann mit dem Dinar anfangen?"
„Ich kaufe davon eine Wolldecke und rufe diese aus. Da ich sie rechtmäßig gekauft habe, gehört sie mir."

260

Asch'ab wurde gefragt: „Was würdest du zu Brotkrumen, mit Butter übergossen und mit Fleisch gespickt, sagen?"
„Und wieviel Hiebe werde ich dafür erhalten?" fragte Asch'ab zurück. Man versicherte ihm, daß er in aller Seelenruhe speisen könne, ohne sich vor Hieben fürch-

ten zu müssen. Aber er glaubte das nicht und sagte darauf: „Das ist unmöglich! Doch sagt mir, wieviel Hiebe ich zu erwarten habe, und ich greife mit Vergnügen zu.“

261

Muzabbid begegnete einmal einer Gruppe gefesselter Männer, die man in den Kerker abführte. Da fragte er: „Was habt ihr mit diesen Männern vor?“
„Nur Gutes“, versicherte man ihm.
„Wenn es so ist, dann fesselt auch mich und gesellt mich zu ihnen!“

262

Einer fragte Asch'ab, wie weit seine Habgier reiche, und er erwiderte: „Niemals habe ich zugesehen, wie eine Braut zu ihrem Bräutigam durch die Stadt begleitet wird, ohne meine Haustür weit aufzureißen, in der Hoffnung, sie werde in *mein* Haus geführt.“

263

Jemand erzählte folgende Geschichte: Ich fragte Asch'ab, warum er mich nicht an irgendeinem Nachmittag in meinem Hause besuche. Er erwiderte, daß er befürchte, irgendein ungebetener Gast könnte zufällig hereinkommen. Ich versicherte ihm, daß niemand außer uns beiden zugegen sein werde. So versprach er mir, mich nach dem Mittagsgebet aufzusuchen. Er betete, und dann kam er. Als die Magd die Tafel deckte, klopfte ein Freund von mir an die Tür. „Siehst du", sagte Asch'ab, „da hätten wir die unangenehme Geschichte!"

„Ich weiß", entgegnete ich, „daß mein Freund zehn Vorzüge besitzt. Wenn du gegen einen einzigen Einwände hast, lasse ich ihn nicht herein." Als Asch'ab sich nach den Vorzügen erkundigte, erwiderte ich, sein erster Vorzug sei, daß ihm an Speise und Trank nichts liege. Worauf Asch'ab ausrief: „Du brauchst die anderen Vorzüge nicht erst zu nennen. Laß ihn hereinkommen!"

264

Um eine Horde Kinder abzuschütteln, flüsterte Asch'ab ihnen zu: „Ein Mann dort drüben verteilt Geld." Da verließen sie ihn. Als sie lange wegblieben, folgte Asch'ab ihnen in der Vermutung, was er den Kindern erzählt hatte, könnte sich bewahrheitet haben.

265

Einer bat seinen Nachbarn: „Leih mir deine Bratpfanne."

„Wir hatten eine Bratpfanne, doch sie ist uns abhanden gekommen", entschuldigte sich der Geizhals.

Der Mann ließ sich von einem anderen benachbarten Haus eine Pfanne leihen. Als der Geizhals das Brutzeln in der Bratpfanne vernahm und den Geruch des Fleischgerichtes verspürte, machte er dem Nachbarn Vorwürfe:

„Was bist du eigenartig! Hättest du mir gesagt, daß du die Pfanne zum Fleischbraten benötigst, wäre ich dir mit ihr entgegengeeilt. Ich fürchtete nämlich, du würdest Gemüse in ihr zubereiten und das Eisen der Pfanne könnte schmelzen, sollte es fettlos auf dem Feuer erhitzt werden. So aber, nach dem Braten und mit dem guten Fett drin, ist die Pfanne doch weitaus nützlicher, als wenn sie unbenutzt zu Hause bliebe."

266

In Bagdad lebte ein armer Mann, der einen wohlhabenden Bruder hatte, der jedoch unermeßlich geizig war. Eines Tages sagte der Arme zu seinem Bruder: „Ich habe nichts, und du hast mehr als genug. Doch du hilfst mir nicht über die harten Tage, noch tröstest du mich mit deinem Geld. Bei Gott, ich habe keinen Menschen kennengelernt, der geiziger ist als du!"
Da entgegnete der reiche Bruder: „Es ist nicht so, wie du annimmst, Bruder. Mein Vermögen entspricht nicht deiner Vorstellung, und ich bin weder geizig noch wohlhabend. Bei Gott, besäße ich hunderttausend Darāhim, würde ich dir die Hälfte vermachen. Himmel! Nennt man denn einen Mann, der mit einem Schlag fünfzigtausend Darāhim hergibt, einen Geizhals?"

267

Einer erzählte: Die Maruer pflegen — wenn sie neue Schuhe tragen — drei Monate auf den Spitzen und weitere drei Monate auf den Absätzen zu gehen. Somit sieht es so aus, als hätten sie ihre Schuhe nur insgesamt drei Monate benutzt. Das beschwichtigt ihre Furcht, die Sohlen könnten dünner werden oder gar ein Loch bekommen!

268

Asch'ab wurde gefragt: „Hast du jemals einen gesehen, der noch habgieriger war als du?"
„Ja", erwiderte Asch'ab, „ein Lamm von mir. Es bestieg das Dach und erblickte einen Regenbogen. Da es annahm, es wäre ein Bündel Luzerne, wollte es danach langen. So stürzte es herunter und brach sich das Genick."

269

Ein Khurasanid fragte einen anderen — vielleicht trafen sie sich zufällig, vielleicht waren sie Weggefährten: „Warum essen wir nicht gemeinsam? Denn Gottes Hand unterstützt die Gemeinschaft, und in der Gemeinschaft liegt der Segen. Man sagt immer wieder, eine Mahlzeit für zwei reiche auch für drei und eine Mahlzeit für drei reiche auch für vier."
Da sagte der andere: „Wenn ich nicht gewußt hätte, daß du von meiner Speise essen willst, hätte ich dir mit deinen eigenen Worten denselben Vorschlag gemacht."
Als der erste am darauffolgenden Tag seine Frage abermals stellte, folgerte der Gefährte: „O Mensch, du hast einen Laib Brot, und ich habe einen Laib. Nur weil du mehr haben willst, bestehst du auf dem gemeinsamen

Essen. Suchst du die Geselligkeit und das Gespräch, so laß uns die Teller zusammentun und das Brot getrennt vor uns halten. Ich zweifle nicht daran, daß du meinen Laib gesegnet findest, solltest du seine Hälfte verzehren. Ist er gesegnet, so sollte *ich* das entdecken, nicht aber du."

270

Der Kalif Hischām ritt außerhalb der Hauptstadt Damaskus mit einem Gefährten spazieren. Da begegnete er einem Mönch, der sich vor dem Kloster sonnte. Der Mönch begleitete den Kalifen in den Obstgarten und pflückte ihm die herrlichsten Früchte. Darauf sagte der Kalif: „O Mönch, verkaufe mir deinen Obstgarten!" Der Mann der Kirche gab keine Antwort. Auch zu der Wiederholung des Ansinnens sagte er nichts.
„Warum antwortest du mir nicht?"
„Ich wünschte, daß alle Menschen außer dir sterben würden."
„Warum das?" wollte der Kalif wissen.
„Damit du dich endlich satt essen und deine Habgier befriedigen könntest!"

271

Der Kalif al-Mansūr war für seinen Geiz bekannt. Einmal sang ein Kameltreiber ihm etwas vor, während der Kalif sich auf der Pilgerfahrt nach Mekka befand. Der Kalif war begeistert und schlug rhythmisch mit dem Bein gegen den Balken seines Baldachins. Schließlich

sagte er zu seinem Wesir: „Gib ihm einen halben Dirham!"
„Einen halben Dirham, o Fürst der Gläubigen? Bei Gott, ich habe dem Kalifen Hischām vorgesungen, und er ließ mir dreißigtausend Darāhim aushändigen!"
„Was? Nimmst du aus der Schatzkammer der Gläubigen dreißigtausend Darāhim? Wesir, sorge dafür, daß das Geld seinen Weg in die Schatzkammer zurückfindet!"
Der Wesir gab sich die größte Mühe, den Kalifen von diesem Beschluß abzubringen. Schließlich gab al-Mansūr unter der Bedingung nach, daß der Kameltreiber ihm bei der Hin- und Rückreise kostenlos vorsinge.

272

Ein Maruer war gewohnt, von Zeit zu Zeit in geschäftlichen Angelegenheiten nach Bagdad zu reisen. Dort stieg er jedesmal bei ein und demselben Mann ab, der ihn freundlich zu empfangen und ihm seine Freigebigkeit von der besten Seite zu zeigen pflegte. Der Maruer drückte seine Dankbarkeit stets mit den Worten aus: „Ich wollte, du besuchtest mich in Maru. Dann könnte ich dich belohnen und dir deine Gastfreundschaft vergelten."
Eines Tages hatte nun der Bagdader in der Nähe von Maru geschäftlich zu tun. Die Gewißheit, in jener Gegend einen Freund und ein gastliches Haus zu finden, ließ ihn alle Hindernisse und Unbequemlichkeiten der Reise geduldig ertragen. In Maru angekommen, eilte er in das Haus des Bekannten, wie man es unter guten

Freunden und Vertrauten zu tun gewohnt ist. In Reisebekleidung, mit Turban, Kappe und Kaftan, betrat der Bagdader den Gesellschaftsraum des Maruers. Als er diesen im Kreise seiner Freunde erblickte, umarmte er ihn stürmisch. Doch der Maruer gab weder ein Zeichen der Freude oder auch nur des Sicherinnerns von sich, noch fragte er den Gast nach dem Verlauf seiner Reise. Der Mann aus Bagdad nahm an, jenes befremdende Verhalten sei vielleicht durch seine Reisekleidung zu erklären. So legte er das Tuch ab und ging zu den einleitenden Worten über. Doch der Gesichtsausdruck des Hausherrn blieb so teilnahmslos, als habe er den Reisenden noch nie zuvor gesehen. Dieser vermutete, sein Turban könnte befremdend wirken. So legte er auch seinen Turban ab, nannte seinen Namen und bemühte sich, das Gedächtnis des Hausherrn aufzufrischen, aber der Maruer zeigte keine Änderung in seiner Haltung. Doch als der Reisende auch noch die Kappe abzog und somit seinen Kopf völlig enthüllte, wußte der Hausherr, daß ihm nun keine Ausrede mehr blieb. So rief er dem Gast zu: „Und wenn du auch deine Haut ablegtest, ich würde dich nicht erkennen!“

273

Im Traum sah Dschuha, daß jemand ihm neun Darāhim aushändigte. „Eigenartig. Könntest du nicht auf zehn aufrunden?“ fragte er, doch der andere lehnte ab. Und so stritten sie sich heftig, bis Dschuha unruhig wurde, erwachte und keine Münzen in seiner Hand fand. Er bereute sehr, sich mit den neun Darāhim nicht zufriedengegeben zu haben. Rasch schloß er wieder die Augen und streckte die Hand mit den Worten aus: „Also gut, ich will mich nicht streiten, gib mir die neun Münzen."

274

Ein Geizhals gab seinem Diener einen Groschen und eine Kelle mit den Worten, er solle auf den Markt gehen und Öl besorgen. Als der Diener zurückkam, rief der Herr: „Du hast mich betrogen und bestohlen!"
„Wie sollte ich dich mit einem Groschen betrügen und bestehlen?"
„Du hast den Groschen für dich behalten und das Öl erbettelt!"

275

Dschuha brachte seiner Frau ein Pfund Fleisch und fragte sie: „Wozu eignet sich dieses Fleisch?"
„Es ist gutes Fleisch und eignet sich für alles."
„Wunderbar! Dann bereite uns daraus alles zu."

276

Dschuhas Frau buk Süßigkeiten zum Fest. Abends aßen die beiden davon und hoben einen Teil für den nächsten Tag auf. Mitten in der Nacht wachte Dschuha plötzlich auf und puffte seine Frau wach. Er gab ihr zu verstehen, sie solle ihm die Süßigkeiten herbeiholen. Gierig machte er sich an das Gebackene, bis nichts davon übrig war. Zufrieden rülpste er und erklärte der bestürzten Frau: „Ich konnte nicht schlafen, da ich um die Süßigkeiten Sorge trug. Das Sprichwort sagt: Die beste Speise ist die, welche in deinen Magen gelangt. Wenn du deine Habe nicht selber ißt, dann wird sie dir vor deinen eigenen Augen weggegessen. So setzte ich das Wort in die Tat um."

277

Thumamah ibn al-Aschras, der Theologe, erzählte: Überall, wo ich Hühner traf, pickten die Hähne das Korn auf und legten es wieder vor die Hennen. Nur die Hähne der Maruer taten das nicht; ich sah, wie sie das Korn aus den Schnäbeln der Hennen stahlen. Dadurch wurde mir klar, daß der Geiz der Maruer schon in der Natur des Landes liegt und selbst in den Teilchen des Wassers. Daher ist er unter all ihren Tieren verbreitet.

278

Dschuha war bei einem seiner Freunde zu Gast. Da wurde ihm ein Hähnchen vorgesetzt. Vergeblich bemühte er sich, dessen Fleisch zu schneiden. Als ihm seine Versuche wieder und wieder mißlangen, begnügte sich Dschuha mit der Brühe.
Am darauffolgenden Tag wurde ihm dasselbe Hähnchen gereicht, und seine Bemühungen waren auch diesmal nicht erfolgreicher als am Tage zuvor. Als das Hähnchen nun am dritten Tage abermals hereingetra-

gen wurde, hob es Dschuha hoch, hielt es gen Mekka und begann zu beten.

„Was machst du da, Dschuha?“ fragte der Gastgeber.

„Ich bezeuge, daß das Fleisch dieses Hähnchens das eines Propheten oder eines Heiligen ist. Denn es wurde dem Feuer dreimal nacheinander ausgesetzt, aber das Feuer konnte ihm nichts anhaben.“

Als er von seinem Gastgeber Abschied nahm, trat ein Nachbar ein und bat den Mann: „Leih mir das Hähnchen, denn ich habe einen Besucher. Wenn er fort ist, bringe ich es dir mit Gottes Hilfe zurück.“

279

„Gefällt es dir, daß man dich einen Geizhals schimpft?“ wurde einer gefragt.

„Möge Allah mich in diesem Ruf erhalten!“

„Warum das?“

„Man sagt nicht, daß einer ein Geizhals sei, wenn er kein Geld besitzt. Laß mir mein Geld und nenne mich, wie es dir beliebt!“

280

Ein Mann schlenderte durch eine Gasse in Kufah. Da erblickte er zwei Männer, die sich heftig stritten. Auf seine Frage nach dem Grund ihrer Auseinandersetzung erklärte der eine: „Ein Freund besuchte mich und wünschte sich ein Hammelkopfgericht. Ich kaufte den Kopf, und wir verzehrten die Mahlzeit gemeinsam. Dann sammelte ich die Knochen und stellte sie vor meiner Haustür aus, um mich mit ihnen vor meinen Nachbarn zu brüsten. Da kam dieser Niederträchtige, entwendete sie und stellte sie vor *seiner* Haustür aus, um den Eindruck zu erwecken, *er* hätte den Kopf gegessen!"

281

Ein Geizhals sagte zu seinem Laufjungen: „Hole das Essen herbei und schließe die Haustür!"
„O Herr, das ist nicht die richtige Reihenfolge. Du solltest sagen: Schließe die Haustür, dann trage das Essen herein."
„Du bist ja erfahrener als ich! Geh, ich gebe dich frei im Angesicht des Herrn."

282

Asch'abs Freundin sagte zu ihm: „Schenk mir deinen Ring, auf daß ich mich dadurch an dich erinnere." Da erwiderte er: „Erinnere dich lieber daran, daß ich deinen Wunsch nicht erfüllt habe. Das ist mir angenehmer."

283

Man fragte einen Freund: „Hast du bei dem Soundso zu Mittag gespeist?"
„Nein, aber ich ging an seinem Haus vorbei, während er aß."
„Woher wußtest du, daß er gerade aß?"

„Ich erblickte seine Laufjungen vor der Tür, die damit beschäftigt waren, die Fliegen mit Nußschalen wegzuscheuchen!"

284

Ein Geizhals nahm einen Laib Brot von seiner Mittagstafel zur Hand und wog ihn — während seine Gäste aßen — mit den Worten: „Man behauptet, meine Laibe seien klein! Ich möchte bloß wissen, wer es wagt, zwei Laibe zu essen!"

285

Einer fragte einen Geizhals: „Warum lädst du mich nicht zum Essen ein?"
„Weil du gut kaust, schnell schluckst und den nächsten Bissen vorbereitest, bevor der erste in deinem Mund verschwunden ist."
„Was willst du denn? Soll ich etwa ein einstündiges Gebet nach jedem Bissen abhalten?"

286

Zijād ibn ʿUbajdullāh al-Hārithī war der geizigste aller Männer. Er gab ein Festmahl anläßlich der Beschneidung eines seiner Söhne. Viele Menschen nahmen daran teil. Das Essen wurde hereingebracht, doch aß jeder der Anwesenden mit vielen Entschuldigungen und nahm nur winzige Portionen zu sich, weil sie Zijād und seinen Geiz kannten. Ein gebratenes Lamm war eines

der Gerichte, doch niemand rührte es an. Zijād ließ es drei Tage nacheinander auftragen, aber niemand bediente sich mit einem Stück bis zum Ende der Festlichkeit. Da ging Asch'ab auf einen der Teilnehmer zu und sagte zu ihm:
„Ich wette, dieses Lamm hat nach seinem Schlachten und Braten länger gelebt als zuvor." Der Mann lachte herzhaft. Zijād vernahm die Bemerkung, aber er tat so, als ob er nichts gehört hätte.

287

Einer schaute Dschuha zu, als der Scheich Datteln aß, ohne den Stein auszuspucken.
„Warum spuckst du die Steine nicht aus?"
„Weil ich sie mitgekauft habe."

288

Asch'ab erzählte: Zajd ibn 'Amr, ein Enkel des Kalifen 'Uthmān, heiratete Sukajnah. Zajd war der geizigste Kuraischit, den ich je gesehen habe. Er trat die Pilgerfahrt an, und Sukajnah reiste mit ihm. Er nahm jede Gans, jedes Huhn, jedes Ei und jede Frucht, ja, alles, was sich im Hause befand, mit sich. So verließen wir die Stadt, von fünf mit Proviant beladenen Kamelen begleitet. Als wir as-Sajjalah erreichten, lagerten wir und schlugen Zelte auf, und Sukajnah gab Befehl, das Essen zu servieren. Nachdem die Speise aufgetragen war, erschienen einige junge Ansāriden und grüßten Zajd.

Sobald er sie erblickte, begann er zu jammern: „Ach! Mein Hexenschuß! In Gottes Namen, tragt das Essen fort und holt das Heilmittel und warmes Wasser!" Man entsprach seinem Wunsche, und gemächlich nahm er das Heilmittel mit dem heißen Wasser ein, bis die jungen Männer sich zurückzogen. Da betraten wir das Zelt. Ich glaubte, dem Verhungern nahe zu sein, denn ich hatte nur gegessen, was ich mir auf dem Markt besorgt hatte.

Als ich am darauffolgenden Morgen Zajd aufsuchte — Allah weiß, wie hungrig ich war —, rief er nach dem Essen, man möge es aufwärmen. In diesem Augenblick erschienen kuraischitische Greise und grüßten ihn. Als er sie erblickte, täuschte er abermals seinen Hexenschuß vor und verlangte wieder nach der Medizin und heißem Wasser. Langsam nahm er beides zu sich und ließ das Essen zurücktragen. Nachdem die Greise sich entfernt hatten, befahl er, die Tafel erneut zu decken. Die Speise wurde hereingebracht, doch inzwischen war sie kalt geworden. Er fragte mich, ob es möglich wäre, das Huhn abermals aufzuwärmen. Da gab ich zur Antwort: „Sag mir, ob deine Hühner zu dem Hause Pharaos gehören, von dessen Volk es im Koran heißt: ‚Des Morgens und des Abends werden sie dem Höllenfeuer überliefert sein.'"

289

Eines Tages aß ein Gast bei dem berühmten Geizhals al-Kindī zu Mittag. Während des Essens trat ein Nachbar des Gastgebers — der mit dem Gast befreundet

war — ein. Al-Kindī lud ihn nicht ein, an der Tafel teilzunehmen. Der Gast schämte sich ob dieses Verhaltens und wollte eingreifen. So sprach er den Nachbarn an: „Warum kommst du der Tafel nicht näher und teilst mit uns Speise und Trank?"
„Bei Gott, ich habe bereits zu Mittag gegessen", entschuldigte sich der Mann.
Darauf meinte al-Kindī: „Nichts ist wahrer als der Schwur bei Gott!"

290

Ein Mann bereitete ein köstliches Gericht zu und setzte den Topf zwischen sich und seiner Frau auf den Tisch. Nach dem ersten Bissen bemerkte er: „Ohne das Gedränge wäre das Essen ein Genuß!"
„Was heißt Gedränge, da wir doch ganz allein sind?" warf die Frau ein.
„Ich wünschte, ich wäre mit dem Topf ganz allein!"

291

Einer berichtete: Wir waren bei einem Geizhals zu Gast, da wurde eine Terrine mit Hühnerbrühe hereingebracht. Inmitten der klaren Flüssigkeit schwamm ein Hahn, der so alt war, daß er wohl weder mit dem Messer noch mit den Zähnen zerteilt werden konnte. Der Gastgeber brach ein Stückchen Brot und drehte damit den Hahn in der Brühe um. Dabei stellte er fest, daß der Kopf fehlte. Sogleich ließ er den Koch herbeiholen und fragte ihn, wo der Kopf geblieben sei.

„Ich habe ihn weggeworfen."
„Und warum das?"
„Ich glaubte, Herr, du würdest ihn ohnehin nicht essen, geschweige denn nach ihm fragen."
„Und was hat dich zu dieser Annahme verleitet? Bei Gott, ich würde niemals zulassen, daß dem Hahn eine Klaue fehlt, geschweige denn der Kopf. Außerdem ist der Kopf der wichtigste aller Teile: In ihm stecken die fünf Sinne, mit ihm kräht der Hahn, in ihm ist das in seiner Reinheit sprichwörtlich gewordene Auge. Daher sagt man von einem Getränk: klarer als des Hahnes Auge. Zudem ist seine Gehirnmasse ein wunderbares Heilmittel für Nierenschmerzen, und seine Knochen sind die zartesten, die man kauen kann. Solltest du in deiner Dummheit wirklich geglaubt haben, ich äße den Hahnenkopf nicht, so gibt es hier genug andere, die ihn essen würden. So suche nach ihm und bringe ihn her!"
„Bei Gott, ich weiß nicht mehr, wo ich ihn versteckt habe."
„Ich aber weiß, daß du ihn in deinem Leibe versteckt hast, und ich bestehe darauf, daß du ihn hergibst!"

292

Jemand trat bei einem Geizigen ein, während dieser und seine Gäste noch um die Tafel versammelt waren. Es störte den Eindringling nicht im geringsten, daß sie soeben das Mahl beenden wollten. Er langte munter nach den Speisen, worauf der Gastgeber bemerkte: „Wenn es schon sein muß, so mach dich an die Hühner heran, die bereits zur Hälfte aufgegessen wurden, oder an die Hähnchen, denen bereits eine Keule fehlt. Nimm das Brot, das gebrochen wurde oder von der Tunke getränkt ist."

293

Ein Geizkragen war gewohnt, seinen Gästen zu raten, im Essen innezuhalten, wenn einer von ihnen mit Trinken beschäftigt sei. Als er merkte, daß keiner von ihnen seinem Rat Folge leistete, bestellte er Trinkwasser, dann zog er durch das Reisgericht eine Linie mit den Worten: „Das ist mein Anteil, rührt nicht daran, damit ich in Ruhe trinken kann."

294

Ein geiziger Scheich bat den Theologen al-Asma'i mehrmals, bei ihm zu speisen, und dieser lehnte es immer wieder mit der Begründung ab, er wolle dem Scheich keine Umstände machen. Schließlich meinte der Geizhals: „Du machst mir ja keine Umstände. Bei Gott, es ist bloß ein bißchen Brot und Salz." Al-Asma'i, der diese Bemerkung nicht wörtlich nehmen wollte, gab endlich nach und begleitete den Scheich in dessen Haus. Dort angekommen, legte der Mann seinem Gast wirklich nichts anderes als trockenes Brot und grobes Steinsalz vor. Während sie aßen, kam ein Bettler an die Tür und bat um ein Almosen.
„Allah möge dir von seinem großen Reichtum geben", versuchte der Scheich den Bettler abzuschütteln. Als das jedoch seine Wirkung verfehlte und der Bettler auf-

dringlicher wurde, warnte ihn der Scheich: „Verschwinde! Bei Gott, komme ich zu dir hinaus, so breche ich dir beide Beine!“
Darauf rief al-Asma'i dem Bettler zu: „Rette dich! Denn wenn du wüßtest, wie wörtlich er seine Drohung meint, wärst du niemals an seine Tür getreten!“

295

Ein Schmarotzer weilte bei einem Freund an einem unerträglich heißen Tage. Da holte der Gastgeber eine Schale Aprikosenmus herein, setzte sie vor den Schmarotzer hin und überreichte ihm einen Kinderlöffel, während er sich selbst mit einem großen Suppenlöffel versorgte. Beide begannen, das Mus auszulöffeln. Und jedesmal, wenn der Gastgeber seinen großen Löffel angehäuft dem Munde zuführte, rief er: „Gelobt sei der Herr! Wie köstlich! Ich sterbe vor Begeisterung!“
Wütend starrte der Schmarotzer den Gastgeber an und bemerkte: „Gib mir den großen Löffel und laß auch mich sterben!“

296

Jemand klopfte bei einem Geizhals an, während dieser Brot und Honig speiste. Hastig versteckte der Mann das Brot, doch der Besucher trat ein, bevor er auch den Honig verstecken konnte. In der Hoffnung, der Gast äße Honig nicht ohne Brot, fragte der Gastgeber: „Ich habe leider kein Brot. Du ißt doch keinen Honig ohne Brot, nicht wahr?“

„O doch!" versicherte der Besucher und tauchte den Finger in die Honigschale, leckte ihn ab und schmatzte begeistert. Verärgert meinte der Geizige: „O Mann, Honig auf diese Art und Weise zu essen, verbrennt das Herz."
„Gewiß, *dein* Herz!" gab der Gast zurück.

297

Freunde erzählten uns: Der Maruer pflegt den Gast — sollte er von einem Gast aufgesucht werden — oder den Gefährten — sollte der Gefährte lange bei ihm gesessen haben — zu fragen, ob er sein Mahl bereits eingenommen habe. Bejaht der Gast die Frage, so sagt der Maruer: „Hättest du nicht gespeist, würde ich dir ein köstliches Mahl bereiten." Verneint der Gast, so beteuert der Maruer: „Hättest du bereits gegessen, würde ich dir fünf Becher einschenken."

298

Ein Schmarotzer fiel einer Familie lange Zeit zur Last, da er nicht aufbrechen wollte. Da beriet sich der Hausherr mit seiner Frau, wie sie feststellen könnten, wie lange der Gast bei ihnen zu verweilen gedenke.
„Beginnen wir einen Streit, den er zwischen uns schlichten soll!" schlug die Frau vor.
Sie täuschten einen heftigen Auftritt vor, worauf die Frau den Gast fragte: „Ich beschwöre dich beim Allmächtigen, der dich morgen auf der Reise begleiten möge, uns zu sagen: Wer von uns beiden hat recht?"

Darauf antwortete der Schmarotzer: „Bei Allah, der mein Verbleiben bei euch noch einen langen Monat segnen möge, ich weiß es nicht!“

299

Ein Schmarotzer bemühte sich, einer Hochzeitsfeier beizuwohnen, doch der Eintritt glückte ihm nicht. Da erkundigte er sich nach den Feiernden: Ob sie einen verreisten Geschäftsfreund oder einen Sohn hätten, der in der Fremde lebte. So brachte er in Erfahrung, daß der Bruder der Braut seit langem verreist sei. Daraufhin nahm der Schmarotzer ein Blatt Papier zur Hand, faltete es zusammen und schrieb darauf: „Von dem Bruder an die Braut“. Dann hämmerte er mit beiden Fäusten an die Tür der Feiernden und herrschte sie an, dem Boten des Brautbruders Einlaß zu gewähren. Strahlend vor Freude empfing der Brautvater den vermeintlichen Boten und erkundigte sich: „Wie hast du meinen Sohn verlassen?“
„Wohlbehalten. Ich würde dir mehr erzählen, wenn ich nicht so unsagbaren Hunger verspürte.“
Der Gastgeber gab Anweisung, und dem Schmarotzer wurden Speisen aller Art vorgelegt. „Hat dir denn mein Sohn keinen Brief anvertraut?“ wollte der Brautvater wissen.
„Fürwahr“, sagte der Hungrige und überreichte dem Vater den vermeintlichen Brief.
„Solch eine Anschrift haben wir noch nie zu sehen bekommen“, stellte der Gastgeber fest, „sie enthält ja keinen Namen.“

„Eigenartiger ist, daß der Brief auch kein Wort enthält, denn dein Sohn hatte es eilig."
„Bist du ein Schmarotzer?"
„Jawohl, möge Allah dir zur Seite stehen!"
„Dann iß, möge Allah dir den Appetit verderben!"

300

Ein Schmarotzer überraschte eine Gruppe bei der Mahlzeit. Da fragten sie: „Wer bist du?"
„Ich bin derjenige, der euch eine Einladung zum Mitessen erspart!"

301

Während einige Männer bei einem Mediner Aale speisten, bat Asch'ab um Einlaß. Da warnte einer: „Asch'ab ist gewohnt, nach der besten und teuersten Speise zu langen. So laßt uns die großen Aale auf einer Platte beiseite legen und nur die kleinen in Asch'abs Beisein essen." Man befolgte seinen Rat, dann wurde Asch'ab hereingelassen.
„Wie findest du die Aale, Asch'ab?" fragte einer.
„Ich habe etwas gegen sie, weil mein Vater im Meer ertrunken und von Fischen verzehrt worden ist."
„So mach dich daran und räche deinen Vater!"
Asch'ab setzte sich, nahm einen kleinen Aal zur Hand und hielt ihn an sein Ohr. Die Schale mit den großen Aalen in der Ecke des Raumes war ihm nicht entgangen. „Wißt ihr, was dieser Aal mir zuflüstert?" fragte er.

„Woher sollen wir es wissen?“
„Er sagt, er sei unschuldig am Tode meines Vaters, da er noch sehr jung sei. Er sagt ferner: Räche dich an den großen dort in der Ecke, denn sie haben ihn gefressen!“

302

Dschuha war mit seinem Esel auf dem Wege zu seinem Obstgarten, als ein Schmarotzer ihm begegnete.
„Wo gehst du mit deinem Esel hin, Dschuha?“
Rasch antwortete der Scheich: „Geh du nur langsam mit dem Esel voraus. Ich habe hier noch etwas zu erledigen. Später werde ich deine Frage beantworten.“

303

Ein Schmarotzer gesellte sich zu einer fremden Mittagstafel und fiel über die Speise mit allen fünf Fingern her (gewöhnlich aß man mit drei Fingern). Da fragte ihn einer der Anwesenden: „Warum ißt du mit fünf Fingern vor all den Menschen hier?“
„Ich esse mit fünf, weil ich keine sechs besitze“, erwiderte der Schmarotzer.

304

Ein Schmarotzer begleitete einen Mann auf einer Reise. Da sagte der Mann: „Geh auf den Markt und kaufe uns Fleisch!“
„Bei Gott“, entgegnete der Schmarotzer, „dazu bin ich nicht fähig.“

So mußte der Mann das Fleisch selbst besorgen. Dann sagte er zu dem Schmarotzer: „Steh auf und bereite uns die Speise zu!"
„Bei Gott, ich kann nicht kochen."
So bereitete der Mann selber den Eintopf und rief dem Schmarotzer zu: „Steh auf und zerstückle das Brot und weiche es in der Tunke ein!"
„Bei Gott, ich bin so müde", entschuldigte sich der Gefährte.
Der Mann brach das Brot, vermischte es mit der Soße und legte alles zurecht. Dann sagte er: „Steh auf und gieß ein!"
„Bei Gott, ich fürchte, der Topf wird mir aus den Händen fallen und meine Kleider beflecken."
Daraufhin deckte der Mann die Tafel und herrschte den Schmarotzer an: „Steh auf und iß!"
„Bei Gott", beteuerte da der Schmarotzer, „ich schäme mich der vielen unhöflichen Ablehnungen." Und er stand auf und machte sich über das Essen her.

305

Ein Mann aus Basrah besuchte einen Freund in Medina. Da flüsterte der Mediner seiner Frau zu: „Wenn der Morgen anbricht, frage ich den Gast, wie weit er springen kann. Dann springe ich aus dem Haus über die Schwelle. Macht er mir das dann nach, schließt du die Haustür gleich hinter ihm!"
Am nächsten Morgen fragte der Hausherr seinen Gast, ob er gut springen könne. „Sehr gut", gab der Gast zur Antwort. Da sprang der Hausherr vier Armlängen

nach außen. Der Gast stand auf und sprang nur eine einzige Armlänge, jedoch nach innen.
„Ich bin vier Armlängen nach außen gesprungen, du aber nur eine einzige nach innen!“ sagte der Gastgeber.
„Gewiß, aber eine Länge nach innen ist besser als vier nach außen!“

306

Ein Schmarotzer sagte zu einem Scheich: „Ich habe zwei Personen gesehen, die ein gekochtes Hähnchen auf einer großen Platte trugen.“
„Was geht *mich* das an?“
„Aber sie trugen es in *dein* Haus!“
„Was geht *dich* das an?“

307

Als Asch'ab von einer Hochzeitsfeier in der Umgebung hörte, strahlte er und versprach sich ein köstliches Mahl. Aber der Eingang des Hauses war verriegelt und wurde von einem üblen Burschen bewacht, der jeden unwillkommenen Gast zurückwies. Das ärgerte den Schmarotzer ungemein. Doch ein Ausweg winkte: Er ging zu einem Krämer und verpfändete seinen Ring gegen zehn Weingläser. Dann kehrte er zum Festhaus zurück und befahl dem Burschen mit sicherer Stimme, ihm die Tür zu öffnen.
„Wer bist du?“ fragte der Torwächter.
„Erkennst du mich nicht? Ich bin der Mann, der die Gläser kaufen sollte.“

So wurde ihm die Tür geöffnet, und er speiste und trank mit den Gästen, bis er gesättigt war. Dann stand er auf, brachte die Gläser wieder zu dem Krämer und erhielt seinen Ring zurück.

308

Ein Schmarotzer betrat einen Süßwarenladen und machte sich an die besten Sorten, was den Verkäufer in Zorn versetzte. Wütend griff er zu einem Stock und fiel über den Schmarotzer her. Dieser hörte jedoch nicht auf zu naschen, vielmehr wiederholte er stetig: „Gott segne diese Stadt, in der die Menschen sogar Gewalt anwenden, um den Fremden mit Süßigkeiten zu füttern!"

309

Ein Schmarotzer gesellte sich zu einer Feier. Da fragte ihn der Gastgeber: „O Mensch, habe ich dir gesagt, daß du auch kommen sollst?"
„Hast du mir denn gesagt, daß ich *nicht* kommen soll?"

310

Ein Schmarotzer erspähte eine Gruppe Aufständischer, die zur Hinrichtung geführt wurden. Da sie alle gut gekleidet und gepflegt aussahen, nahm der Schmarotzer an, sie seien auf dem Wege zu einer Festlichkeit, was wiederum Speise und Trank versprach. Listig schlich er sich in ihre Mitte und tat so, als gehöre er zu ihnen. Als der Zug jedoch bei dem Polizeivorsteher endete, versuchte der Schmarotzer, sich herauszureden. „Möge Allah dir zur Seite stehen“, begann er, „bei Gott, ich gehöre nicht zu denen hier. Ich bin lediglich ein Schmarotzer und habe angenommen, die Herren seien zu einem Festmahl eingeladen. Deshalb gesellte ich mich zu ihnen.“

„Mit solchen Ausreden entgehst du mir nicht“, sagte der Vorsteher. „Schlagt ihm den Kopf ab!“

„Herr, wenn du mich durchaus umbringen willst, so befiehl dem Scharfrichter, mir den Bauch aufzuschlitzen, denn dieser ist zweifellos an meinem Ende schuld.“

Da lachte der Vorsteher, erkundigte sich nach dem Mann und erfuhr, er sei ein bekannter Schmarotzer. Daraufhin ließ er ihn laufen.

311

Ein Bauer schenkte dem Richter Dschuha ein Kaninchen. Dschuha lud ihn großzügig zu dem Kaninchenbraten ein, und der Bauer verließ ihn voller Lob. Am darauffolgenden Tage besuchten zwei andere Bauern den Scheich und warteten auf seine Gastfreundschaft. „Wer seid ihr?“ fragte der Scheich und erfuhr, sie seien die Nachbarn des Kaninchenbesitzers. Er hieß auch sie willkommen und zeigte sich abermals freigebig. Dankend und lobend kehrten die beiden in ihr Dorf zurück. Am dritten Tag erschien eine ganze Gruppe von Bauern im Hofe des Scheichs. Auf die Frage, wer sie wären, sagte man ihm, sie seien die Nachbarn der Nachbarn des Kaninchenbesitzers. Da ging Dschuha in sein Haus,

holte eine Terrine mit heißem Wasser und stellte sie vor die Gäste hin.
„Was ist das?“ fragten sie erstaunt.
„Das ist die Tunke der Tunke des Kaninchens, o Nachbarn der Nachbarn des Kaninchenbesitzers!“

312

Ein Schmarotzer überraschte eine Gruppe beim Mahl. „Seid gegrüßt, o ihr gemeinen Geizhälse!“ rief er ihnen zu.
„Nein, bei Gott, wir sind freigebig“, verteidigten sie sich.
„O Allah! Zähle sie zu den Aufrichtigen und mich zu den Lügnern!“ sagte der Schmarotzer und setzte sich an ihre Tafel.

313

Hārūn ar-Raschīd ging einst in die Gärten der Vorstadt, begleitet von seinem Wesir, dem Possenreißer Abu Nuwās und vielen anderen Höflingen. Sie alle trugen Kleidung, an der man sie nicht erkennen konnte. Da gesellte sich ein Schmarotzer zu ihnen, was dem Fürsten der Gläubigen mißfiel. Daher gab er Anweisung, man solle den Schmarotzer entfernen und bestrafen. Doch Abu Nuwās versicherte: „Überlasse ihn mir, o Fürst der Gläubigen, und ich bürge dafür, daß er sich ohne Gewaltanwendung zurückzieht.“ Als sein Vorschlag angenommen wurde, erklärte Abu Nuwās: „Ich übernehme die Kosten des Essens.“ Und ar-Raschīd sagte: „Und ich übernehme die der Getränke." Worauf der Wesir rief: „Und ich nehme die Wohlgerüche und den Schnupftabak auf mich." Bis der Schmarotzer endlich an die Reihe kam.

„Und was nimmst du auf dich, Bruder?" fragte Abu Nuwās.

„Ich nehme den Fluch Gottes und aller Heiligen auf mich, sollte ich eure Gesellschaft je verlassen!"

Da lachte Hārūn ar-Raschīd und meinte: „Dieser Mann ist ein angenehmer Eindringling. Den sollten wir nicht entfernen." So begleitete der Schmarotzer sie den ganzen Tag.

314

Ein Schmarotzer aus Medina trat bei al-Fadl ibn Jahjā ein. Al-Fadl hielt einen Apfel in der Hand, den er dem Schmarotzer mit den Worten zuwarf: „Möge Allah dich grüßen, o Mediner!" Der Schmarotzer fing den Apfel auf und verzehrte ihn, worauf al-Fadl vorwurfsvoll ausrief: „Möge Unglück dich befallen, Mediner! Ißt du denn auch Grüße?"

„Warum nicht, sofern sie nahrhaft sind!" entgegnete der Schmarotzer.

315

Ein Schmarotzer kam an einer Volksmenge in Kufa vorbei, die ein Fest feierte. Er gesellte sich hinzu und nahm mit den geladenen Gästen Platz. Der Gastgeber erkannte den Eindringling, da er nicht zu seinen Gästen

gehörte. „Kannst du dich nicht gedulden", fragte er den Schmarotzer, „bis man dir Einlaß gewährt oder dir eine Einladung zukommen läßt?"
„Die Häuser sind eigens dazu erbaut, damit sie betreten werden", verteidigte sich der Schmarotzer. „Und die Speisen werden aufgetragen, damit man sie verzehrt. Außerdem habe ich dir kein Geschenk ins Haus geschickt, das mich dazu berechtigt hätte, eine Einladung von dir zu erwarten. Tugend trennt ihren Träger von der Geselligkeit, während Verleugnung der Tugend die menschlichen Beziehungen stärkt. Und das Sprichwort sagt: Pflege Umgang mit dem, der dich zurückweist, und schenke dem, der dich von seiner Gunst ausschließt."

316

Ein Schmarotzer wollte sich an eine bereitstehende Tafel setzen, doch man riegelte die Tür vor seiner Nase zu. Da erklomm er die Mauer und sprang in den Innenhof mit den Worten: „Ihr habt mir den Erdenweg versperrt, so komme ich vom Himmel zu euch."

317

Ein Schmarotzer trat bei einer Gesellschaft ein, die gerade tafelte. „Was eßt ihr?" erkundigte er sich.
„Gift!" gaben sie zur Antwort.
„Das Leben ohne euch ist ohnehin sinnlos", meinte der Schmarotzer und machte sich ans Essen.

Die Frauen schließlich

318

Asch'ab hörte eine Frau rufen: „O Gott, laß mich nicht sterben, bevor du mir alle Sünden vergeben hast." Worauf Asch'ab bemerkte: „Du Sünderin, was du da verlangst, ist nicht die göttliche Vergebung, sondern ein ewiges Leben."

319

Dschuha zankte sich heftig mit seiner Mutter, da klagte sie: „Ist das der Dank dafür, daß ich dich neun Monate in meinem Leibe trug?"
„Kriech in meinen Bauch hinein, und ich trage dich jahrelang, damit diese Schuld ein für allemal beglichen wird!"

320

Ein Richter war mit einer Frau verheiratet, die schon vier Ehemänner überlebt hatte. Als der Richter vor dem Abschied aus dieser Welt stand, fragte ihn seine Gattin: „Wem vertraust du mich an?"
„Dem beklagenswerten sechsten!"

321

Dschuhas Frau starb. Auf dem Gesicht des Scheichs waren keine Zeichen der Trauer zu erkennen. Aber als sein Esel nach einiger Zeit verreckte, war er sichtlich zutiefst bestürzt. Da sagte einer seiner Freunde zu ihm:

„Du bist merkwürdig, o Dschuha! Als deine Frau starb, hast du ihr nicht so heftig nachgetrauert wie jetzt deinem Esel."
„Das ist doch verständlich", meinte der Trauernde. „Als meine Frau von mir für immer Abschied nahm, eilten die Nachbarn zu mir und versicherten, sie würden für mich eine noch bessere Frau finden. Doch beim Tode des Esels hat sich keiner die Mühe gemacht, mich zu trösten."

322

„Wünschst du dir, daß deine Frau stirbt?" wurde einer gefragt.
„Nein."
„Und warum nicht?"
„Weil ich Angst habe, vor Freude selber zu sterben!"

323

Muzabbid legte seiner Frau ein neues Gewand an, doch sie klagte, es sei grob und steif. Darauf warnte Muzabbid: „Ist es auch gröber als die Verstoßung?"

324

Einer sagte einmal zu seiner Frau: „Ich wünschte, man schenkte uns einen gehäuteten Widder, dann könnten wir uns von ihm diese und jene Speisen zubereiten."
Die Nachbarin hörte ihn und glaubte, er habe das nicht nur gewünscht, sondern schließlich von seiner Frau ver-

langt. Sie wartete die Mittagsstunde ab, dann klopfte sie an die Tür des Ehepaares mit den Worten: „Der Duft eurer Speisen ist mir in die Nase gestiegen. Nun bin ich gekommen, um sie auch zu kosten."
„Du seist verstoßen", sagte der Mann zu seiner Frau, „blieben wir noch einen Tag länger in diesem Haus, dessen Nachbarn sogar die Wünsche riechen!"

325

„Deine Frau hat den Verstand verloren", sagte man zu Dschuha. Er besann sich kurz, dann meinte er: „Ich weiß, daß sie keinen Verstand besaß, so laßt mich darüber nachdenken, was sie in Wirklichkeit verloren haben könnte."

326

Ein Mann litt unter heftigen Blähungen. Während er in der Nacht neben seiner Frau ruhte, konnte er sie nicht unterdrücken und mußte zweimal hörbar Wind lassen. Erschrocken wollte er sich vergewissern, ob seine schlafende Frau etwas bemerkt habe. So flüsterte er: „Hast du etwas gehört?"
„Beide Male nichts", versicherte die Frau.

327

Während Asch'ab zu Mittag speiste, trat eines seiner Sklavenmädchen ein, das er als Unterhalterin ausbildete, wie es damals bei allen Künstlern Sitte war.

Asch'abs Frau speiste mit ihm, und er lud auch das Lehrmädchen ein, mit ihm zu tafeln. Sie nahm die Einladung an und ergriff die Hammelkeule, die sonst dem Hausherrn zusteht. Da erhob sich Asch'ab und verließ das Haus. Und als er zurückkehrte, klopfte er an die Tür. Seine Frau fragte ihn: „Du Trauergestalt, was ist in dich gefahren?"

„Darf ich eintreten?" erkundigte er sich.

„Was bittest du um Eintritt, da du doch der Herr dieses Hauses bist?"

„Wäre ich der Herr des Hauses, hätte die Hammelkeule sich nicht zu dem Mädchen verirren dürfen!"

328

Eine Frau wechselte mit ihrem Mann heftige Worte, weil er ihr immer weniger Geld gab. Schließlich sagte die Frau: „Bei Gott, selbst die Mäuse weilen nur noch aus Anhänglichkeit in deinem Haus. Die Nahrung aber müssen sie sich aus den benachbarten Häusern holen!"

329

Dschuha saß mit seiner Frau beim Abendessen. Die Suppe war kochend heiß, und als die Frau einen Löffel voll nahm, brannte ihr die Zunge so sehr, daß ihr die Tränen in die Augen stiegen.

„Warum sind deine Augen feucht geworden?" fragte der Scheich, der die Suppe noch nicht gekostet hatte.

„Ich erinnerte mich an meine verstorbene Mutter, und da konnte ich mich nicht mehr beherrschen."

Als dann Dschuha die Suppe probierte, stiegen auch ihm die Tränen in die Augen.
„Warum weinst du?“ fragte die Frau.
„Ich beweine deine verfluchte Mutter, die solch eine Tochter geboren und auf mich losgelassen hat!“

330

Dschuha stritt mit seiner Frau, wer dem Esel das Futter vorlegen solle. Schließlich einigten sich die beiden dahin: Wer als erster spricht, versorgt den Esel. Seine Frau verließ das Haus, um den Nachbarn einen Besuch abzustatten, während Dschuha sich stumm in eine Ecke des Zimmers zurückzog. Sie erzählte der Nachbarsfrau den Vorfall und meinte, Dschuha sei hartnäckig, er werde lieber verhungern als ein Wort sprechen. Deshalb bat sie, man möge ihm einen Teller Suppe ins Haus tragen.
Inzwischen schlich sich ein Dieb in Dschuhas Haus, entwendete das Beste, was er finden konnte, und betrat schließlich das Zimmer, in dem der Scheich weilte. Da Dschuha kein Zeichen von sich gab, faßte der Dieb Mut und stahl, was sich bequem mitnehmen ließ, schließlich den Turban von dem kahlen Kopf des Scheichs. Der Hausherr wehrte sich nicht, noch gab er einen Laut von sich. Als der Nachbarsohn mit der Suppe hereinkam und den Scheich stumm wie ein Standbild vorfand, sagte er zu ihm:
„Ich bring dir Suppe.“
Dschuha beschrieb mit den Händen, daß das Haus von einem Dieb heimgesucht worden sei, dann vollführte er

mit dem Finger dreimal eine kreisförmige Bewegung um seinen Kopf, um zu erklären, daß auch sein Turban gestohlen worden sei; schließlich gab er dem Knaben zu verstehen, er solle seiner Frau Bescheid sagen. Der Knabe, der die Zeichen anders auslegte, meinte, er solle Dschuha die Suppe über den Kopf schütten.
Dienstbereit tat dies der Knabe, und die Suppe sickerte aus dem Bart des Scheichs. Doch Dschuha wiederholte seine Zeichen, mit dem Ergebnis, daß sie diesmal von dem Knaben richtig verstanden wurden. Als Dschuhas Frau erfuhr, was sich ereignet hatte, eilte sie in ihr Haus. Stürmisch ging sie auf den Scheich zu und fauchte ihn an: „Was soll das eigentlich bedeuten?"
Da wurde Dschuha plötzlich lebhaft und sagte:
„Sei nicht so furchtbar hartnäckig und gib dem Esel endlich sein Futter!"

331

Muzabbid streifte eine häßliche Frau, da bemerkte er: „Gott möge sie verfluchen! Ihr Gesicht sieht aus, als hätte sie etwas Furchtbares erblickt, das sie in schreckliche Angst versetzte."

332

Dschuha kaufte drei Pfund Fleisch und übergab sie seiner Frau, damit sie ihm ein gutes Mahl daraus bereite. Sie tat es auch, doch verspeiste sie die gute Kost mit Freunden, was nicht im Sinne des Scheichs war. Als er nach Hause kam, verlangte er sogleich das Gericht.

Seine Frau behauptete, die Katze habe das Fleisch verzehrt, während sie in der Küche beschäftigt war. Er nahm die Katze und stellte sie auf die Waagschale. Sie wog drei Pfund. Dschuha wandte sich zu seiner Frau und meinte: „Du Listige, wenn dies die Katze ist, wo ist dann das Fleisch? Und wenn dies das Fleisch ist, wo ist dann die Katze?"

333

Eine Frau starb, und ihr Gatte kaufte ein Leichentuch. Die Totenwäscherin stellte fest, daß das Tuch zu klein sei.
„Das Leichentuch ist zu kurz", sagte sie dem Witwer.
„Dann zieh ihr die Pantoffeln an!"

334

Ein Scheich befand sich auf dem Heimweg, als ihn eine Frau ansprach: „Soll ich dir eine Leibeigene anvermählen, die dir einen Sohn gebärt?"
„Ich würde mich freuen."
„Und du schickst ihn in die Koranschule, und er spielt mit den Kindern und besteigt das Dach und stürzt herunter und bricht sich das Genick!" Nach diesem Satz hob sie an zu heulen und zu klagen, als hätten ihre Worte sich bereits bewahrheitet. Der Scheich erschrak und suchte das Weite, voller Furcht, einer Irrsinnigen begegnet zu sein.
Ein anderer sah ihn in seinem erregten Zustand und erkundigte sich nach dem Anlaß. So erzählte der Scheich

ihm von der Frau. Als er dann von ihrem Klagen und Jammern berichtete, meinte der andere philosophisch: „Daran ist nichts Verwunderliches. Frauen müssen halt klagen, wenn sie einen Verwandten verlieren."
Dieser Mann muß noch irrsinniger als die Frau sein, dachte der Scheich.

335

Dschuha sagte zu seiner Frau, als er schwer erkrankt zu Bett lag: „Zieh deine schönsten Kleider an und mach dich zurecht wie zu deiner Hochzeit, dann komm zu mir zurück."
„Wie solltest ich dich allein lassen, da du auf dem Sterbebett liegst? Hältst du mich für hartherzig und undankbar?"
„Keineswegs, meine Teure, aber ich habe einen Einfall. Ich sehe den Todesengel um mich herumkreisen. Vielleicht, wenn er dich in so wunderbarer Aufmachung erblickt, nimmt er *dich* und läßt mich in Ruhe!"

336

Ein Mann besuchte eine Frau und erzählte darüber später folgende Geschichte: Ich sah Asch'ab mit gespreizten Beinen unter einem Stuhl hocken. Als er mich erblickte, begann er wie eine Henne zu gackern. Überrascht schaute ich ihn an. Da fragte mich die Frau, weshalb ich ihn angeschaut habe, und ich erklärte ihr, daß ich erstaunt sei. Sie sagte: „Das ist ein schlechter Mensch, der uns mit seiner Dummheit nur Schaden zufügt. Darum lasse ich ihn Eier brüten. Ich habe geschworen, daß er erst aufstehen darf, wenn die Küken aus den Eiern geschlüpft sind."

337

Dschuhas Schwiegermutter trug die Wäsche zum Fluß, um sie dort zu waschen und auszubreiten. Unglücklicherweise rutschte sie aus und fiel in den Fluß. Besorgt suchten die Anwesenden nach ihr, doch sie tauchte nicht wieder auf. So eilte man zu Dschuha und berichtete ihm das Unglück. Er kletterte in den Fluß hinab und begann, die Leiche stromaufwärts zu suchen.
„Aber Dschuha", riefen die Leute erstaunt, „die Leiche muß doch wohl mit dem Strom und nicht gegen ihn treiben!"
„Ihr kennt ihre Angewohnheiten nicht", erklärte Dschuha. „Sie tut immer das Gegenteil von dem, was alle anderen Menschen tun."

338

Dschuha hatte eine untreue Frau. Als er von einem Gast aufgesucht wurde, gab er ihr einige Darāhim mit den Worten: „Kauf uns Hammelkopf zum Mittagessen."
Sie verließ das Haus, traf aber unterwegs ihren Liebhaber. Da vergaß sie den Auftrag ihres Mannes und betrat das Haus des Liebhabers. Als die Nachbarn dies merkten, meldeten sie die Sündige bei dem Statthalter. Dschuhas Frau wurde gefoltert und auf einen Ochsen

gesetzt, damit sie durch den Markt geführt werden konnte, wie die Sitte es verlangte. Dschuha machte sich Sorgen, weil die Frau so lange ausblieb. So ging er zum Markt, um nach ihr zu suchen. Als er sie auf dem Ochsen sah, fragte er bestürzt: „Was soll das bedeuten?"
„Kein Grund zur Aufregung", erklärte sie ruhig. „Geh du schön nach Hause. Ich muß nur noch durch die zwei Reihen der Ölverkäufer und der Heilpraktiker reiten, dann kaufe ich den Hammelkopf und eile zu dir."

339

Man erzählte von einem Gefräßigen, daß er einmal eine Kuh vollständig verzehrt habe, während seine Frau sich ein Kalb zubereitete. Als er sich dann neben seine Frau zur Ruhe legen und ihr den Gute-Nacht-Kuß geben wollte, gelang ihm das nicht. Wozu seine Frau bemerkte: „Wie solltest du mich erreichen können, trennen uns doch zwei Rinder!"

340

Asch'ab pflegte einer Frau in Medina gelegentlich Besuche abzustatten. Diese Tatsache wurde im Laufe der Zeit bekannt. Eines Tages sagte die Nachbarin jener Frau zu ihr: „Warum bittest du ihn nicht um etwas? Er ist doch wohlhabend."
Als Asch'ab wieder erschien, sagte sie zu ihm: „Die Nachbarn erzählen, du ließest mir nichts zukommen." Darauf verließ Asch'ab hastig das Haus und hielt sich zwei volle Monate fern. Dann suchte er sie erneut auf

und setzte sich an ihre Tür. Sie trug ihm eine Schale Wasser hinaus und sagte: „Trink das, auf daß deine Furcht sich lege!“ Da erwiderte er: „Trink es lieber selbst, auf daß deine Habgier sich lege!“

341

Nachdem Dschuha ein Vermögen gesammelt hatte, heiratete er eine zweite Frau, was seine erste Frau mit Recht kränkte. Da besänftigte er sie: „Bei Gott, ich bin ein alter Mann, es lohnt sich nicht, auf mich eifersüchtig zu sein. Nie werde ich eine treuere und aufrichtigere Frau als dich finden. Sei nicht betrübt, denn dein Ruf ist unübertrefflich.“
Als er merkte, daß er sie beruhigt hatte, fragte er sie: „Soll ich die neue Frau zu dir gesellen? Das würde Streit vermeiden, Kosten sparen und den Klatschmäulern den Mund stopfen.“
Sie stimmte zu, und er gab ihr einen Dinar mit den Worten: „Es wäre mir zuwider, wenn die Neue sich dir überlegen zeigte. So richte ihr mit diesem Dinar ein gutes Mahl zur Bewillkommnung.“
Dann besuchte Dschuha seine neuvermählte Frau und erklärte ihr, er wolle sie mit seiner ersten Frau zusammenbringen. Er gab ihr einen Dinar und bat sie, der Hausherrin ein Geschenk mitzubringen, damit sie nicht von ihr verachtet würde.
Eines Tages bestanden die beiden Frauen darauf, von Dschuha zu erfahren, wen er am liebsten habe.
„Muß ich das in aller Öffentlichkeit verkünden und im Beisein der anderen?“

„Bei Gott, wir lassen nicht nach, bis du es uns gesagt hast."
„Da ich keinen Ausweg weiß, muß ich gestehen, daß ich die mit dem Dinar am liebsten habe. Ich füge nichts weiter hinzu."
Beide lächelten erleichtert in Erinnerung an ihren Dinar.

342

Ein Scheich nahm sich ein Weib und sagte zu ihr: „Ich bin ein Mann von schlechtem Charakter."
Worauf die Frau versicherte: „Wer dir Anlaß gibt, deinen schlechten Charakter zu beweisen, hat einen noch schlechteren Charakter."

343

Einer heiratete eine kleine und dazu noch arme Frau. Nach dem Grund gefragt, meinte er: „Frauen sind das schlimmste Übel. Je kleiner das Übel, um so erträglicher!"

344

Al-Mu'tasim bot einem Sklavenhändler siebentausend Dinare für eine Sklavin, doch der Händler wollte sie nicht hergeben. Nach dessen Tode wurde diese Sklavin dem Kalifen al-Mu'tasim aus dem Erbe des Händlers für nur siebenhundert Dinare vermacht. Als die Sklavin zu ihm in den Palast geführt wurde, fragte al-Mu'tasim sie: „Was sagst du nun dazu? Ich habe auf dich so lange

verzichtet, bis ich dich für siebenhundert statt für siebentausend erwerben konnte!"
„Wenn der würdige Kalif Erbschaften abwartet, bis er seine Wünsche befriedigt, dann möchte ich keine siebzig Dinare wert sein, geschweige denn siebenhundert!"
Der Kalif wurde verlegen und schämte sich.

345

Dschuha heiratete eine schöne Frau, und nach drei Monaten gebar sie ihm einen Sohn. Die Frauen der Nachbarschaft versammelten sich in Dschuhas Haus und berieten über den Namen des Neugeborenen. Jede schlug einen Namen vor, bis Dschuha, der dabeistand, meinte: „Am besten nennen wir ihn Schnelläufer."
„Warum gerade so?"
„Weil er die Entfernung von neun Monaten in drei zurückgelegt hat!"

346

Der Emir der Stadt hatte nichts als Weiber im Sinn. Dschuha gab ihm den guten Rat, sich zu ändern, doch das war nicht so einfach, wie der Scheich es sich vorgestellt hatte. Es bedurfte einiger Geduld und eines starken Willens. Der Emir versank von Tag zu Tag in immer tieferen Gram. Eine seiner bevorzugten Leibeigenen fragte nach dem Grund seines Kummers, und er berichtete ihr von den Ermahnungen des Scheichs.
Sie schlug ihm vor, er solle sie dem Scheich vermachen, damit sie ihrem Herrn beweisen könne, was sich mit

dem Scheich alles anstellen ließe. So geschah es, daß Dschuha jene Leibeigene heiratete. Ungeduldig wartete er die Hochzeitsnacht ab. Aber die junge Braut verweigerte sich und wies ihn so lange zurück, bis sie Erregung und Verlangen in seinen Augen erkannte. Dann sagte sie, sie wolle sich ihm unter der Bedingung hingeben, daß er ihr erlaube, ihm Sattel und Zügel anzulegen und auf seinem Rücken zu reiten. Dem lockenden Preis zuliebe erklärte Dschuha sich mit ihrer Bedingung einverstanden.
„Was machst du da, o würdiger Scheich?“ rief der Emir, der, wie mit der Braut vereinbart, plötzlich erschien.
„Edler Emir“, erklärte Dschuha blitzschnell, „gerade davor habe ich Euch gewarnt: Ihr solltet aus Euch nicht den Esel machen, den ich hier spiele.“
Die kluge Antwort gefiel dem Emir, und er belohnte Dschuha mit guten Gaben.

347

Einmal betrat Dschuha das Haus und traf die Sklavin seines Vaters schlafend an. Da legte er sich zu ihr. Sie merkte die Bewegung und erkundigte sich: „Wer ist das?“
„Sei still, ich bin mein Vater.“

348

„Du kannst über dich selbst bestimmen“, sagte ein Mann zu seiner Frau. Damit wollte er ihr die Verstoßung auf sanfte Weise beibringen.

„Die Bestimmung über mein Leben lag zwanzig Jahre lang in deinen Händen, und du hast es gut behütet. Ich möchte das nicht binnen einer Stunde ändern. Bestimme du nur ruhig weiter über mich."
Ihre Antwort gefiel dem Mann, und er behielt sie.

349

Dschuha heiratete eine Frau, die schielte und dadurch alles doppelt sah. Als sie beim Essen saßen, brachte er zwei Laibe Brot. Sie hielt sie für vier. Dann stellte er einen Topf auf den Tisch, und sie sagte: „Was sollen wir mit zwei Töpfen und vier Laiben Brot? Ein Topf und zwei Laibe Brot würden doch genügen!"
Da freute sich Dschuha und sagte sich: Welches Glück! Daraufhin setzte er sich ihr gegenüber. Doch sie warf ihm den Topf an den Kopf und keifte ihn an: „Bin ich etwa eine Hure, daß du noch einen Mann mit zum Essen bringst und mich seinen Augen preisgibst?"
Da sagte Dschuha: „Meine Teure, du darfst alles doppelt sehen, nur nicht deinen Mann!"

350

Man führte dem Kalifen al-Mu'tasim eine Sklavin vor. Er befragte die Anwesenden, was sie von ihr hielten.
„Meine Frau sei verstoßen, sollte Gott, der Allmächtige, je eine schönere als diese Sklavin geschaffen haben!" bemerkte der eine.
„Meine Frau sei verstoßen, sollte ich je eine schönere als diese Magd erblickt haben", beteuerte ein anderer.

„Meine Frau sei verstoßen ...", sagte ein dritter, hielt dann aber inne.
„Und mit welchem Grund verstößt du sie?" fragte al-Mu'tasim.
„Mit keinem Grund."
Ein heftiges Lachen schüttelte den Kalifen. Nachdem er sich beruhigt hatte, fragte er: „Du bleibst dabei, deine Frau ohne Grund zu verstoßen?"
„Ja, Herr. Diese beiden Dummköpfe haben ihre Frauen mit derselben Begründung verstoßen. Warum sollte ich es ihnen gleichtun, da ich doch das Recht habe, sie grundlos zu verstoßen?"

351

Dschuhas zwei Frauen suchten ihn eines Abends mit der Frage auf: „Wen von uns beiden liebst du mehr?"
„Ich liebe euch beide in gleichem Maße", versuchte er sich herauszureden.
Da sagte die jüngere: „Nehmen wir einmal an, wir wären beide dem Ertrinken nahe, und du stündest am Ufer. Wen würdest du zuerst retten?"
Verlegen wandte er sich seiner älteren Frau zu und meinte: „Ich glaube, du kannst gut schwimmen, nicht wahr, Liebling?"

352

Dschuha heiratete eine junge Frau, und am fünften Tag der Flitterwochen gebar sie einen Sohn. Da machte sich Dschuha auf den Weg zum Markt und kaufte Papier und Tinte. Als man ihn nach dem Grund fragte, erklärte er: „Wer in fünf Tagen geboren wird, besucht in drei Tagen die Schule!“

353

Man fragte einen Dummkopf: „Warum heiratest du nicht?“
„Ich habe es nicht nötig. Mein Vater hat mir und meinem Bruder eine Leibeigene vermacht.“
„Wehe ihm! Eine einzige Sklavin für euch zwei Männer?“
„Was ist so bemerkenswert daran? Sieh unseren Nachbarn! Da sind zwei Sklavinnen für einen einzigen Mann.“

354

Dschuha heiratete. Nach drei Monaten teilte ihm seine angetraute Frau mit, daß sie bald niederkommen werde, und bat ihn, ihr eine Hebamme zu holen.
„Man weiß“, meinte der Scheich, „daß Frauen erst nach neun Monaten niederkommen. Wie verhält sich das in deinem Falle?“
„Das ist doch unerhört!“ rief sie erzürnt. „Mann, wie lange sind wir schon verheiratet? Sind nicht drei Monate bereits seit unserer Hochzeitsnacht verstrichen?“
„Gewiß.“
„Und du bist schon drei Monate mit mir verheiratet. Das macht zusammen sechs Monate, nicht wahr?“
„Durchaus richtig.“

„Und das Kind ruht seit drei Monaten in meinem Leib. Das macht insgesamt neun Monate. Was wäre da noch sonderbar?“
Dschuha überlegte kurz, dann gab er zu: „Du hast recht. An diese vertrackte Rechnung habe ich nicht gedacht.“

355

Ein Einfaltspinsel trat bei seiner ihm jüngst anvermählten Braut ein und zog dabei ein finsteres Gesicht. Sie wußte, wie naiv er war, und sagte zu ihm: „Leg dein Gewand ab!“
„Es ist an meinem Körper gut aufgehoben“, erwiderte er.
„Dann zieh deine Pantoffeln aus!“
„Meine Füße haben aber einen Anspruch auf sie.“
Sie überlegte kurz und setzte sich dicht neben ihn. Und erst jetzt, als ihr Duft ihn umschmeichelte, wurde ihm ihre Weiblichkeit bewußt.

356

Dschuha hatte eine Kuh, die er trotz aller Bemühungen nicht verkaufen konnte. Ein Makler schlug ihm vor: „Ich werde sie für dich verkaufen, Dschuha.“ Der Makler erhob seine Stimme auf dem Markt und rief: „Wer kauft eine schöne Kuh, die im sechsten Monat trächtig ist?“
Die Menschen eilten herbei, und die Kuh wurde für einen hohen Preis vergeben. Dschuha merkte sich die Worte des Maklers und kehrte nach Hause zurück.

Zu Hause angekommen, fand Dschuha einige Frauen vor, die gekommen waren, um sich seine Tochter auf die Möglichkeit einer Verlobung hin anzusehen. Da mischte Dschuha sich ein.

„O Scheich", riefen die Frauen, „du sollst uns allein lassen."

„Meine Frau weiß nichts von den lobenswerten Eigenschaften ihrer Tochter, außer daß sie ihrer Mutter dient und hilft. Ich aber bin ein Mann von Erfahrung und Wissen und kenne die Vorzüge meiner Tochter. Deshalb bin ich gekommen, um euch einiges über sie zu erzählen."

„Dann beschreibe ihre guten Eigenschaften."

„Meine Tochter ist weise und vollkommen, sie ist jungfräulich und schwanger im sechsten Monat. Sollte man das nicht an ihrem Äußeren erkennen, so bürge ich dafür. Ihr habt drei Tage Bedenkzeit."

Die Frauen lachten herzhaft und sahen von der Verlobung ab. Da zürnte Dschuhas Frau und herrschte ihn an: „Du bist wohl von Sinnen! Wie kannst du so etwas Niederträchtiges von deiner Tochter vor den Brautwerberinnen erzählen?"

„Sei still, du unwissendes Weib. Bei Gott, nur mit diesen Worten wurde die Kuh für einen so hohen Preis verkauft. Sonst wäre ich sie niemals losgeworden. Warte nur ab, die Brautwerberinnen werden sich überall nach einer Braut mit diesen Eigenschaften umsehen. Doch nirgends werden sie eine außer unserer Tochter finden. Sie kehren zu uns zurück, und wir werden eine hohe Morgengabe fordern, so wie wir die Kuh zu einem so hohen Preis verkauft haben."

357

„O Fürst der Gläubigen“, sagte einer zum Kalifen Hārūn ar-Raschīd, „mir ist zu Ohren gekommen, daß ein Mann fünf Frauen auf einen Schlag verstoßen hat!“

„Dem Manne stehen vier Frauen zu. Wie konnte er fünf verstoßen?“

„Der Mann hatte vier Frauen. Eines Tages trat er bei ihnen ein und fand sie in eine haarsträubende Zankerei verwickelt. Da er selbst von Natur aus ein reizbarer Mensch ist, herrschte er sie alle an: ‚Wie lange wird dieser Streit noch dauern? Nur du kannst daran schuld sein!‘ Und er zeigte auf eine der vier. ‚Entferne dich! Du bist verstoßen!‘

Darauf rief eine andere: ‚Wie voreilig von dir, sie zu verstoßen! Es wäre vernünftiger gewesen, du hättest sie mit einer Tracht Prügel bestraft.‘

‚Auch du bist verstoßen!‘ herrschte er jene an.

‚Möge Allah dich bestrafen!‘ tadelte ihn die dritte. ‚Bei Gott, sie waren gut und liebevoll zu dir.‘

‚Und du, verehrte Fürsprecherin, bist gleichfalls verstoßen!‘ war seine Antwort.

Die vierte Frau war aus dem Hause der Hilaliten und hatte viel Geduld. ‚Weißt du kein anderes Mittel als die Verstoßung, um deine Frauen zurechtzuweisen?‘ fragte sie vorwurfsvoll.

‚Du kannst dich sofort zu ihnen gesellen! Auch dich verstoße ich!‘ entgegnete der Mann.

Seine Nachbarin, die alles mitangehört hatte, steckte den Kopf zum Fenster hinaus und meinte: ‚Bei Gott, die Araber reden nicht ohne Grund bei deinem Stamm

von Schwäche! Und nun richtest du nicht eher, als bis du alle deine Frauen auf einmal verstoßen hast!'
Darauf rief der Mann ihr zu: ‚Auch du, werte Weltverbesserin, bist verstoßen, wenn es dein Mann erlaubt!'
Da ertönte die Stimme ihres Ehemannes aus dem Haus: ‚Ich erlaub's! Ich erlaub's!'"

358

Eine Heiratsvermittlerin erwählte für Dschuha eine häßliche Braut, deren Gesicht er erst in der Hochzeitsnacht erblicken durfte. Am nächsten Morgen fragte ihn die Anvermählte schüchtern, vor welchen seiner männlichen Verwandten sie keinen Schleier zu tragen brauche. Da antwortete Dschuha rasch: „Zeige dein Gesicht allen Männern, doch verschleiere es vor mir."

359

Nachdem seine Gattin in die Barmherzigkeit ihres Herrn eingegangen war, heiratete Dschuha eine Frau, deren Mann vor kurzem gefallen war. Unentwegt zählte sie die Vorzüge ihres gefallenen Mannes auf. Das mißfiel dem Scheich gar sehr, und zur Vergeltung fing er an, die lobenswerten Eigenschaften seiner verstorbenen Frau aufzuzählen. Doch auf die Dauer verschaffte ihm das keine Genugtuung.
Eines Nachts stieß Dschuha seine Frau, während sie auf der Matte schlummerte, so kräftig mit dem Fuß, daß sie auf den Boden rollte. Erzürnt beklagte sich die Frau bei ihrem Vater.

„Ich hoffe", verteidigte sich Dschuha vor dem Schwiegervater, „du wirst gerecht zwischen uns richten. Auf der einzigen Schlafmatte, die ich besitze, schlafen vier Personen: meine verstorbene Frau und ich, deine Tochter und ihr gefallener Mann. Die Matte kann unmöglich für vier Personen reichen. So ist deine Tochter fortgerollt. Ist das etwa meine Schuld?"

360

Dschuhas Gattin erwartete ein Kind, doch als sie niederkommen sollte, hatte sie mit Schwierigkeiten zu kämpfen. Da schlugen die Frauen dem Scheich vor, den Allmächtigen anzuflehen, er möge ihr die Geburt erleichtern. Doch er stürzte aus dem Haus und kehrte kurz danach mit Süßigkeiten zurück, die er vor seine Frau hinlegte.
„Was soll sie mit Süßigkeiten in solch einer heiklen Lage?" fragten die Frauen.
„Ich weiß, daß Kinder Süßigkeiten sehr gerne mögen. Wenn das Kind sie erblickt, wird es die Geburt beschleunigen."

361

Ein Dichter trat bei dem Kalifen ar-Raschīd ein, als dieser eine Vase voll roter Rosen bewunderte. Zu seiner Seite stand eine Leibeigene, die ihm vor kurzem als Geschenk übergeben worden war.
„Siehst du nicht, wie schön diese Rosen und wie frisch ihre Farben sind?" fragte der Kalif den Dichter.

„Ihre Schönheit ist durch dich vollendet, o Fürst der Gläubigen“, schmeichelte der Dichter.
„Finde einen Vers über die Rose, der ihrer ebenbürtig ist“, verlangte der Kalif.
Der Dichter überlegte kurz und zitierte:

„Als wäre sie einer Liebenden Wange,
errötend vom Kuß des Geliebten geschminkt.“

Worauf die Leibeigene im gleichen Reim und Metrum entgegnete:

„Als wäre sie meine errötende Wange,
wenn der Kalif mir zur Waschung winkt.“

Da sagte ar-Raschīd zum Dichter: „Laß uns allein. Diese Sünderin hat meine Begierde erweckt!“

362

Ein Scheich besuchte seinen sterbenden Freund. Als die Frau begriff, daß die Stunden ihres Mannes gezählt waren, klagte sie: „O mein Gemahl, wer kümmert sich um mich, wenn du gegangen bist?“
Der Scheich gab ihr einen Wink, der besagte, daß er für sie sorgen werde. Nach dem Tode des Freundes und nach Ablauf der gebotenen Wartezeit heiratete der Scheich die Witwe.
Als nun der Scheich auf dem Sterbebett lag und seine Besucher um ihn herumsaßen, klagte die Frau: „O mein Gemahl, wer nimmt sich meiner an, wenn du nicht mehr bist?“
Da riß der Scheich die Augen auf und rief: „Ich rate keinem, ihr auch nur den leisesten Wink zu geben.“

Anhang

NAMENREGISTER

DIE KALIFEN

zur Zeit dieser Sammlung

I. In den heiligen Städten

1.	Abu Bakr	632—634
2.	ʿUmar I.	634—644
3.	ʿUthmān	644—656
4.	ʿAli	656—661

II. Die Umajjaden in Damaskus

1.	Muʿāwijah	661—680
2.	Jazīd	680—683
3.	Muʿāwijah II.	683
4.	Marwān I.	683—685
5.	ʿAbdul-Malik	685—705
6.	al-Walīd I.	705—715
7.	Sulajmān	715—717
8.	ʿUmar II.	717—720
9.	Jazīd II.	720—724
10.	Hischām	724—743
11.	al-Walīd II.	743—744
12.	Jazīd III.	744
13.	Ibrāhīm	744
14.	Marwān II.	744—750

III. Die ʿAbbasiden in Bagdad

1.	as-Saffāh	750—754
2.	al-Mansūr	754—775

3.	al-Mahdī	775—785
4.	al-Hādī	785—786
5.	ar-Raschīd	786—809
6.	al-Amīn	809—813
7.	al-Ma'mūn	813—833
8.	al-Mu'tasim	833—842
9.	al-Wāthik	842—847
10.	al-Mutawakkil	847—861

QUELLENNACHWEISE

I. Die arabischen Quellen

Erschienene Werke

Abu 'l-Faradsch al-Isfahānī († 967), Kitāb al-aghānī, 10.54; 6.129; 14.172; 17.82—105 (Būlāk 1285)
Abu 'l-Fidā' († 1331), Ta'rīkh al-Islām, 2.30, ed. Reiske (Kopenhagen 1790)
al-'Askarī († 868), Dschamharat al-amthāl, 1.260; 2.53 f. (Kairo 1301, am Rande des Majdānī)
al-'Askari, Ma'ānī, 1.292 (Kairo 1352)
al-Bajhakī (10. Jh.), al-Mahāsin wa-l-masāwī, 1.198; 2.226, 231 (Kairo 1325/1907)
al-Bakrī († 1094), Simt al-la'ālī fi Scharh amālī al-Kālī, 958 f. (Kairo 1354/1936)
ad-Damīrī († 1405), Hajāt al-hajawān al-kubrā, 1.282 (Būlāk 1292)
adh-Dhahabī († 1348), Duwal, 1.75 (Haiderabad 1364 bis 1365)
adh-Dhahabī, Mīzān al-i'tidāl, 1.102—4 (Lucknow 1301)
adh-Dhahabī, Muschtabah, 14, ed. De Jong (Leiden 1864)
ad-Dimaschkī (12. Jh.), al-Ischārah ilā Mahāsin at-tidschārah, 67 f. (Kairo 1318)
al-Dschāhiz († 869), al-Bajān wa-t-tabjīn, 2.190, 197; 5.63 (Kairo 1323—5)

al-Dschāhiz, al-Bukhalā', 17 f., 22 f., 28, 36, 44, 54, 56, 62, 125, 130, 133, 149, 195, 196 (Kairo 1963)
al-Dschāhiz, al-Hajawān, 2.149 (Kairo 1938—45)
(Pseudo-)al-Dschāhiz, al-Mahāsin wa-l-Addād, 14, 91, 133 (Kairo 1324)
al-Dschauharī († 1003—10), Sihāh, 1.67 (Būlāk 1292)
al-Fajrūzābādī († 1415), al-Kāmūs al-muhīt, 1.95 (Kairo 1281)
'A.-S. Farrādsch (zeitgenöss.), Akhbār Dschuha, 64 ff. (Kairo 1954)
al-Husrī († 1022), Dscham' al-Dschawāhir, 16, 24, 55, 57, 66—9, 76, 89—91, 99, 114, 115, 152, 161, 163 bis 165, 180, 183, 189, 193, 195, 198, 202, 204 f., 215 f., 229, 231, 233, 241, 248, 249, 277, 281, 298, 307 f., 337, 341, 349—51, 360—2 (Kairo 1372/1953)
al-Husrī, Zahr al-Ādāb, 161 f., 164, 747 (Kairo 1371/1952)
Ibn 'Abd-Rabbih († 940), al-'Ikd al-farīd, 4.113, 132, 171, 173 f., 177, 191—3, 199—205, 213—21, 230, 235—7, 240—2, 297 f., 300, 302, 319, 357, 374 bis 79, 381 (Kairo 1331/1913)
Ibn 'Asākir († 1176), Ta'rīkh Dimaschk, 3.75—80 (Damaskus 1329 ff.)
Ibn al-Athīr († 1234), Kāmil, 5.289 (Kairo 1301—2)
Ibn al-Dschauzī († 1200), Akhbār al-Hamkā wa-l-mughaffalīn, 22—4, 26—32, 71, 77—9, 83, 103, 109, 111, 114, 116, 120, 124—6, 129, 136, 138—41, 153, 162 (Damaskus 1345)
Ibn al-Dschauzī, Akhbār az-Zurrāf wa-l-mutamādschinīn, 26, 28, 30—3, 37, 39, 41, 46, 48, 53, 56 f.,

59—61, 63, 68 f., 71, 75, 77, 82, 85, 89—91, 96 bis 101 (Damaskus 1347)
Ibn al-Dschauzī, Kitāb al-adhkijā', 58, 60, 64, 72, 88, 101, 119, 125, 158 (Kairo 1306)
Ibn Hadschar († 1449), Lisān al-Mīzān, 1.450—4 (Haiderabad 1330)
Ibn Hadschar, Tahdhīb at-tahdhīb, 7.147 (Haiderabad 1325—7)
Ibn Hiddschah al-Hamawī († 1434), Thamarāt al-awrāk, 1.180 f. (Kairo 1287, am Rande des Rāghib al-Isfahānī)
Ibn al-'Imād († 1679), Schadharāt adh-dhahab, 1.236 (Kairo 1350)
Ibn Kathīr († 738), al-Bidājah wa-n-nihājah, 10.111 f. Kairo 1351—8)
Ibn Kutajbah († 889) Schi'r, 307 ed. De Goeje (Leiden 1904)
Ibn Kutajbah, 'Ujūn al-akhbār, 1.263; 2.51, 55, 57; 3.132, 164, 260; 4.84 (Kairo 1343—9/1925—30)
Ibn Manzūr al-Ansārī († 1311), Lisān al-'arab, 1.485 (Būlāk 1300—8)
Ibn an-Nadīm († 987), Fihrist, 111, ed. Flügel (Leipzig 1871—2)
al-Ibschīhī († 1446), al-Mustatraf min kul fann, 1.157, 204; 2.216, 220 f. (Kairo 1308)
al-Itlīdī (17. Jh.), I'lām an-Nās, 27 (o.O. 1290)
Jākūt († 1229), Mu'dscham al-Udabā', 6.58 (Kairo 1936—8)
al-Kālī († 967), Amālī, 2.311; 3.176, 189, 216 (Kairo 1344/1926)

al-Kalkaschandī († 1418), Subh al-a'schā, 1.450, 454 (Kairo 1331—8/1913—9)
al-Khatīb al-Baghdādī († 1071), Ta'rīkh Baghdād, 7.37 bis 44 (Kairo 1349/1931)
al-Khatīb al-Baghdādī, at-Tatfīl, 21, 25, 54—9, 63 (Damaskus 1346)
al-Kutubī († 1363), Fawāt al-wafajāt, 1.37—41 (Kairo 1951)
al-Majdānī († 1124), Madschma' al-amthāl, 217, 223, 439, 440 (Kairo 1379/1959)
al-Marzubānī († 994), Muwaschschah, 259 (Kairo 1343)
al-Mas'ūdī († 957), Murūdsch, 5.433 f., 476 f. (Paris 1861—77).
al-Mufaddal († 903), Fākhir, 85, ed. Storey (Leiden 1915)
Muhammad 'Alī Ahmad (zeitgenöss.), al-Mughaffalīn, 20, 43, 45 (Kairo 1929)
an-Nuwajrī († 1332), Nihājat al-Arab, 3.301, 322—4, 358; 4.17, 24—36 (Kairo 1343/1925)
ar-Rāghib al-Isfahānī († 1108 ?), Muhādarāt al-udaba', 1.32, 64, 93, 158, 206, 210, 218, 227, 255, 269, 287, 290, 304, 343, 395; 2.65, 83 (Kairo 1287)
asch-Scharīschī († 1222), Scharh al-makāmāt, 2.51 f. (Kairo 1306)
at-Tabarī († 923), Ta'rīkh al-umam wa-l-mulūk, 3.417, ed. De Goeje u. a. (Leiden 1879—1901)
at-Tauhīdī († 1009), Imtā', 2.57 (Kairo 1939—44)
ath-Tha'ālibī († 1038), Thimār al-kulūb, 112, 118 f., 302, 372 (Kairo 1326/1908)

al-Ābī († 1030), Nathr ad-durar (Ms. in Kairo, s. GAL 1.351, Suppl. 1.592)
al-Dschāhiz († 869), al-Kawl fi-l-bighāl (Ms. Istanbul, Damat Ibrahim 949)
al-Halabī (schrieb um 1694), Nuzhat al-udabā' (s. GAL, Suppl. 2.414)
Hamzah al-Isfahānī († 971), Amthāl (Ms. Istanbul, Damat Ibrahim 943)
Ibn 'Adī († 976), al-Kāmil (Ms. Istanbul, Topkapusaray, Ahmet III, 2943)
Ibn Bābah (schrieb 1160—70), Ra's māl an-Nadīm (Ms. Istanbul, Nuru Osmaniye 3296)
Ibn Hamdūn († 1167), Tadhkirah (Ms. Istanbul-Süleymaniye, Reis-el-Küttap 767)
Ibn Hibbān († 965), ath-Thikāt (s. GAL 1.164, Suppl. 1.272)
Ibn Kulajtah († 845), Ruschd al-labīb (Ms. Topkapusaray, Ahmet III, 2481)
Ibn Mu'īn († 848), Ma'rifat ar-Ridschāl (s. GAL, Suppl. 1.259)
'Ijād al-Kādī († 1149) Madārik (s. GAL 1.369 f., Suppl. 1.630 ff.)
al-Kutubī († 1363), 'Ujūn at-tawārīkh (Kairo, Dār al-Kutub 949, Ta'rīkh 1497)
Mudhik al-'abūs, Verfasser unbekannt (Ms. Kairo, Dār al-Kutub 5102)
al-Mutarrizī († 1213), Scharh makāmāt al-Harīrī (Ms. New York, Public Library 111)

II. Die nichtarabischen Quellen

H. D. Barnham, Tales of Nasr-ed-Din Khoja (London 1923)
R. Basset, Mille et un contes, récits et légendes arabes (Paris 1924—6)
A. Christensen, Júhí in Persian literature, in A Volume of Oriental Studies, presented to E. G. Browne, 129—36 (Cambridge 1922)
dasselbe in Acta Orientalia, 3.7 ff. (1924)
A. G. Kelsey, Once the Hodja (New York — Toronto 1943)
D. S. Margoliouth, Wit and humor in Arabic authors, in Islamic Culture, 1.523 f. (1927)
A. Mouliéras, Les fourberies de si Djeh'a (Paris 1892)
O. Rescher, Die „Nawādir“ von el-Qaljûbî, 77 (Stuttgart 1920)
F. Rosenthal, Humor in early Islam, 17 ff. (Leiden 1956)
A. Wesselski, Der Hodscha Nasreddin (Weimar 1911, in Narren, Gaukler und Volkslieblinge, 3—4)